Lieblingsplätze für Senioren

OSTSEE
MECKLENBURG-VORPOMMERN

OSTSEE
MECKLENBURG-VORPOMMERN

GMEINER

CORNELIA DÖRING

Aus Gründen der Lesbarkeit und Sprachästhetik wird in diesem Buch das generische Maskulinum verwendet. Mit der grammatischen Form sind ausdrücklich weibliche sowie alle anderen Geschlechtsidentitäten berücksichtigt, insofern dies durch den Kontext geboten ist.

Für das Buch wurden QR-Codes generiert, die zu den Websites der Lieblingsplätze führen. Um sie zu nutzen, öffnen Sie die Kamera-App Ihres Endgeräts und richten den Rahmen für circa drei Sekunden auf den Code. Daraufhin erscheint eine Benachrichtigung. Sollte dies nicht passieren, müssen Sie ggf. das Scannen in den Einstellungen Ihres Gerätes erst aktivieren. Wenn diese Option nicht verfügbar ist, können Sie einen QR-Code-Reader von Drittanbietern in Ihrem App-Store kostenfrei herunterladen.

Alle Informationen wurden geprüft. Gleichwohl verändern sich Gegebenheiten, daher erfolgen alle Angaben ohne Gewähr. Sollte bei einem QR-Code ein Fehler angezeigt werden, sind wir für eine Nachricht dankbar. Auch über Ihr Feedback zum Buch freuen sich die Autorinnen und Autoren und der Verlag: lieblingsplaetze@gmeiner-verlag.de.

Sofern nicht im Folgenden gelistet, stammen alle Bilder von Cornelia Döring:
Foto: Jens Köhler www.bildermeer.com/© Störtebeker Festspiele GmbH und Co. KG 102

Besuchen Sie uns im Internet:
www.gmeiner-verlag.de

1. Auflage 2024

Im Ehnried 5, 88605 Meßkirch
Telefon 07575/2095-0
info@gmeiner-verlag.de

QR-Code einscannen und kostenloses E-Book anfordern.

Lektorat/Redaktion: Ricarda Dück
Herstellung: Julia Franze
Bildbearbeitung/Umschlaggestaltung: Susanne Lutz
unter Verwendung der Illustrationen von © PrintingSociety, SimpleLine – stock.adobe.com
Kartendesign: © Maps4News.com/HERE
Druck: AZ Druck und Datentechnik GmbH, Kempten
Printed in Germany
ISBN 978-3-8392-0616-4

Die Küste

Rügen und Hiddensee

Usedom

Küstenglück

Ostsee geht immer!

Da Sie sich just anschicken, meine Lieblingsplätze an der Ostsee in Mecklenburg-Vorpommern kennenzulernen, reisen Sie vermutlich gerne an die Küste. Vielleicht möchten Sie aber auch endlich Urlaub am Meer ausprobieren? Oder Sie leben in dem schönen Landstrich zwischen Dassower See und Stettiner Haff und sind immer auf der Suche nach unentdeckten Ecken? Was auch immer Sie antreibt, ich lade Sie ein, mir zu 78 faszinierenden Orten entlang der Küste und auf die beiden größten Ostseeinseln Deutschlands zu folgen. Die Strände im Nordosten unseres Landes können es mit ihrer Großzügigkeit und Feinsandigkeit durchaus mit denen am Mittelmeer aufnehmen. Zugegeben: Das Mittelmeer ist ein wenig wärmer. Aber sonst? Die Luft schmeckt nach Salz, der Wind trägt das Rauschen der Wellen, und die Füße wandeln über weichen feinen Sand – Entspannung pur. Das Leben zeigt sich bunt, mal traditionell, mal modern. Die grün-blaue Natur weckt Körper und Geist, lädt zu erholsamen Spaziergängen oder aktiven Ausflügen bei milden Temperaturen ein.

Natürlich ist meine Auswahl der Lieblingsplätze subjektiv, basierend auf meinen persönlichen Erlebnissen und Erfahrungen. Seit vielen Jahren besuche ich immer wieder die Küste Mecklenburg-Vorpommerns – die Ostsee ist sozusagen seit meiner Kindheit »mein Meer«. Es heißt, frühe Urlaubserfahrungen prägen unser späteres Reiseverhalten. Der Duft frischer Meeresluft ruft bei mir unweigerlich die Erinnerungen an die jährlichen Ostseeaufenthalte als kleines Mädchen zurück, an unzählige Sandburgen, Berge gesammelter Muscheln, Hühnergötter und Möwenfedern. Seltsam, in der Rückschau herrschte stets schönes Wetter. Aber so ist das wohl mit Erinnerungen …

Als Erwachsene habe ich gemeinsam mit meinem Mann begonnen, die Küste neu zu erkunden. Standen zunächst Familienurlaube im Vordergrund, wandelten sich unser Reiseverhalten und die Ansprüche mit der Zeit. Die Kinder gehen inzwischen ihre eigenen Wege, aber die Ostsee zieht uns immer noch in ihren Bann. Inzwischen bevorzugen wir die Nebensaison, wenn die Strände leerer und das Küstenleben ruhiger sind.

Nehmen Sie sich Zeit für abwechslungsreiche und erholsame Tage an der Ostsee und im Achterland. Besuchen Sie Seehunde auf einer Sandbank vor Boltenhagen, erleben Sie zur Zeit der Kranichrast bis zu 70.000 der eleganten Vögel rund um den Barther Bodden, spazieren Sie am Karsamstag entlang der Osterfeuermeile am Binzer Strand oder erkunden Sie die Kaiser- und Bernsteinbäder Usedoms. Die Auswahl der vorgestellten Höhepunkte fiel mir nicht leicht, musste ich sie doch auf 78 Plätze beschränken. Mitunter hilft dabei eine zweite Meinung – und so danke ich an dieser Stelle meinem Ehemann und Lieblingsmenschen für seine Geduld und Unterstützung während der Arbeit an diesem Buch.

Wie schön wäre es, wenn mein Buch und meine Zusammenstellung an Lieblingsplätzen eine Inspiration für Ihre Erkundung des Nordostens Deutschlands wäre und der eine oder andere Ort auch zu Ihrem Lieblingsplatz würde!

Die Küste

Schifffahrt zur Seehundsandbank Insel Lieps
(April–Oktober)
Ableger: Weiße Wiek
Baltische Promenade
Steg D
23946 Ostseebad Boltenhagen
0172 2872584
www.ms-seebaer-boltenhagen.de

Buslinien 240, 325, 345 und 390 bis Halt Weiße Wiek, 500 m Fußweg

1 Seehund ahoi!

Schifffahrt zur Seehundsandbank Lieps

Das Ferienresort Weiße Wiek im Boltenhagener Ortsteil Tarnewitz präsentierte sich nicht immer als schickes Urlaubsdomizil für Erholungssuchende. Wo heute Hotels und Jachthafen das Bild prägen, befand sich seit den 30er-Jahren des letzten Jahrhunderts ein Armeegelände. Nach 1989 nicht weiter militärisch genutzt, wurde ein Teil der Halbinsel in das Naturschutzgebiet Tarnewitzer Huk umgewandelt, und im südöstlichen Bereich hielt der Tourismus Einzug.

Der Halbinsel zwischen Boltenhagener Bucht und Wismarer Bucht vorgelagert liegt die Sandbank Lieps, auf der sich gerne Seehunde oder Kegelrobben tummeln. Von der Marina der Weißen Wiek bricht in der Saison von April bis Ende Oktober die MS Seebär regelmäßig zu Ausflugsfahrten zur Seehundsandbank auf. Während der einstündigen Tour passiert das Schiff nach dem Verlassen des kleinen Hafens das Naturschutzgebiet Tarnewitzer Huk. Das Wrack eines versunkenen Betonschiffes aus dem Zweiten Weltkrieg ragt aus dem Wasser empor. Es wurde früher für Schießübungen genutzt und dient heute unzähligen Kormoranen als Rastplatz. Mit dem Fernglas, das die Passagiere an Bord ausleihen können, sind die Vögel gut zu erkennen. Dazu erzählt der Kapitän kurzweilige Geschichten rund um die Region, über deren Historie und die Tiere, denen die Passagiere während des Ausflugs begegnen. Wussten Sie, dass alle Seehunde Robben sind, aber nicht alle Robben Seehunde?

Den Höhepunkt der Ausflugsfahrt bildet die Seehundsandbank. In gebührendem Abstand fährt das Schiff langsam vorbei, um eine gute Sicht zu ermöglichen, die Tiere dabei jedoch nicht zu stören. Quasi in deren Wohnzimmer können Sie Seehunde, Robben und Seevögel durch das Fernglas beobachten.

Die Ausflugsfahrt der MS Seebär führt von der Weißen Wiek, an der Seehundsandbank vorüber, bis zur Insel Poel. Bei einem Landgang kann der alte Fischerort Timmendorf besucht werden.

Schloss Bothmer
Am Park
23948 Klütz
0385 58841513
www.mv-schloesser.de

Café Orangerie Schloss Bothmer
Am Park
23948 Klütz
038825 266733
www.orangerie-schlossbothmer.de

Buslinie 345 bis Halt Hofzumfelde Dorf, 650 m Fußweg; Buslinie 240 bis Halt Wismarsche Straße, 1,1 km Fußweg

2 Von London nach Mecklenburg

Schloss Bothmer

Was würden diese wunderschönen Königslinden wohl erzählen, wenn sie sprechen könnten? Wie eine symmetrische Girlande säumen die Bäume seit beinahe 300 Jahren den Hohlweg, der zum prächtigen Hauptportal des Schlosses Bothmer führt. Fast scheint es, als würden ihre Äste nacheinander greifen, um sich gegenseitig Halt zu geben. Ich kann mich dem Zauber kaum entziehen, den die knolligen Bäume ausstrahlen.

In barocker Manier wurde diese 270 Meter lange Allee als Sichtachse zur herrschaftlichen Residenz angepflanzt. Mit jedem Schritt, den sich die Gäste durch die sogenannte Festonallee dem Bauwerk nähern, gibt sie mehr von dessen Pracht frei – bis die Besucher schließlich im Ehrenhof vor der größten barocken Schlossanlage Mecklenburg-Vorpommerns stehen.

Errichtet wurde der Prachtbau in den Jahren 1726 bis 1732 auf Geheiß des Reichsgrafen Johann Caspar von Bothmer, der währenddessen als Diplomat in London residierte – genauer gesagt in der berühmten Downing Street No. 10, seinem Dienstsitz. Die Fertigstellung des Gebäudes erlebte er nicht mehr. Eine sehenswerte Ausstellung im Schlossmuseum informiert heute über die Geschichte des Anwesens und das interessante Leben des Grafen.

Zu einem Schloss gehört natürlich auch ein Schlosspark. Im Stil eines englischen Landschaftsgartens angelegt, erstreckt er sich idyllisch direkt hinter dem Bauwerk und lädt zu ausgedehnten Spaziergängen ein. Das gesamte Anwesen ist von einem Wassergraben umgeben und liegt somit malerisch auf einer Insel. Auch an die Kleinsten ist gedacht – für die (Enkel-)Kinder gibt es zwischen Gebäude und Garten einen Kinderspielplatz.

In der Orangerie im Ostflügel lädt ein Café-Restaurant mit kulinarischen Köstlichkeiten zur gemütlichen Einkehr ein.

Baumhaus – Maritimes Traditionszentrum
(saisonal variierende Öffnungszeiten)
Alter Hafen 12
23966 Wismar
03841 304310
https://www.poeler-kogge.de/ausstellung.html

Diverse Buslinien bis Halt Lohberg, 400 m Fußweg

3 Wo ist der Baum?

Baumhaus im Alten Hafen

So mancher Besucher mag sich die Frage schon einmal gestellt haben: Wieso heißt dieses Gebäude im Alten Hafen von Wismar eigentlich »Baumhaus«? Im 18. Jahrhundert wurde das heute denkmalgeschützte Bauwerk errichtet. Seine Lage direkt an der Hafenspitze lässt auf seine ehemalige Bestimmung schließen: Das Gebäude diente den sogenannten Bohmschlütern als Domizil. Deren Funktion war das Schließen des Hafens bei Einbruch der Nacht oder auch im Gefahrenfall. Dazu zogen sie einen schwimmenden Schlagbaum vor die Einfahrt – so soll der Name »Baumhaus« entstanden sein. Später wurde anstelle des Holzstammes eine Kette verwendet.

Heute beheimatet das historische Gebäude ein maritimes Traditionszentrum. Die beiden Schwedenköpfe vor dem Eingang sind Kopien der Originale aus dem 19. Jahrhundert. Interessierte Besucher erfahren in einer Dauerausstellung Wissenswertes über die Geschichte Wismars als Hansestadt und über den Schiffbau in den regionalen Werften. Als Beispiele für die maritime Handwerkskunst vergangener Jahrhunderte werden drei Schiffe ausführlich vorgestellt: der Schleppnetzkutter Marlen aus den 1950er-Jahren, der Lotsenschoner Atalanta aus dem Jahr 1901 und die Wissemara, der Nachbau einer mittelalterlichen Kogge.

Das Wrack der alten Kogge aus der Hansezeit wurde 1999 in der Wismarer Bucht vor der Insel Poel geborgen. Die originalgetreue Nachbildung ist heute eine beliebte touristische Attraktion. Nur wenige Schritte vom Baumhaus entfernt unternimmt die Wissemara von April bis Oktober im Alten Hafen Segeltörns, Tages- und Abendfahrten. Die Passagiere können dabei hautnah die Faszination eines mittelalterlichen Schiffes erleben.

Im Alten Hafen liegen auf der Altstadtseite mehrere Kutter fest vertäut, auf denen Passanten frischen und geräucherten Fisch, heißen Backfisch sowie köstliche Fischbrötchen erwerben können.

 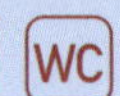 

Spaziergang durch die Altstadt
Startpunkt:
Alter Hafen
23966 Wismar
www.wismar.de

Restaurant Alter Schwede
Am Markt 22
23966 Wismar
03841 283552
www.alter-schwede-wismar.de

Diverse Buslinien bis Halt Lohberg

4 Historisches Flair

Spaziergang durch die Altstadt

Wismar gehört zu den schönsten Städten an der Ostseeküste Mecklenburg-Vorpommerns. Die malerische Altstadt mit ihren gepflasterten Straßen, wunderschönen Backsteingebäuden und Giebelhäusern gehört zum UNESCO-Welterbe.

Bei einem Spaziergang entdecken wir viele historische Spuren und bestaunen die heute wundervoll sanierten

Bauwerke aus mittelalterlicher Zeit. Wir beginnen unseren Bummel direkt vor dem Alten Hafen und betreten den historischen Kern durch das einzige erhaltene Stadttor: das im Stil der Backsteingotik errichtete Wassertor. Wir halten uns rechts und sehen schon bald das sogenannte Gewölbe. Dieses außergewöhnliche Fachwerkhaus überspannt die Grube, einen im 13. Jahrhundert künstlich angelegten Wasserlauf. An diesem Gewässer entlang führt uns der Weg bis zur Bohrstraße, über die wir den Hopfenmarkt und damit den Beginn der Fußgängerzone erreichen.

Vorbei an verschiedenen Ladenlokalen und Cafés gelangen wir durch die Flaniermeile zum Rudolph-Karstadt-Platz. Die berühmte Warenhauskette hat an diesem Ort ihren Ursprung. Das im Jugendstil gebaute Eckhaus ist das Stammhaus der Karstadt AG.

Nur noch wenige Schritte weiter, und wir kommen auf den einen Hektar großen Wismarer Marktplatz. Farbig gestaltete Giebelhäuser rahmen den Platz ein, an dessen Nordseite das Rathaus steht. Besondere Aufmerksamkeit verdient ein reich verziertes Bauwerk im südöstlichen Bereich. Die Wasserkunst ist das Wahrzeichen Wismars und diente bis zum Ende des 19. Jahrhunderts der Trinkwasserversorgung.

Unser kleiner Spaziergang kann an dieser Stelle enden – oder weiterführen zu den Backsteinkirchen der Stadt: St. Georgen, St. Marien und St. Nikolai.

Eines der schönen Giebelhäuser am Marktplatz heißt Alter Schwede und beherbergt ein Restaurant gleichen Namens. In gemütlichem Ambiente kann der Gast gutbürgerliche Küche genießen.

Kirche St. Georgen
St.-Georgen-
Kirchhof 1a
23966 Wismar
03841 19433
www.wismar.de/
georgenkirche

Kirche St. Nikolai
St.-Nikolai-Kirchhof 15
23966 Wismar
03841 213624

 Diverse Buslinien bis Halt Am Markt, 400 m Fußweg

5 Mit dem Aufzug hoch hinauf

St.-Georgen-Kirche

Es gab sie in vielen Städten der ehemaligen DDR: die Ruinen von Kirchen, die im Zweiten Weltkrieg stark beschädigt und in den folgenden Jahren ohne schützende Dächer und Fenster dem Verfall preisgegeben wurden. Die Reste von Außenmauern und Gewölben wurden von Unkraut, Büschen oder Bäumen überwuchert; Nässe und Frost zerstörten Jahr für Jahr zunehmend die ursprüngliche Substanz. Für viele dieser verlassenen Bauwerke brach nach 1990 eine neue Zeit an, so auch für die St.-Georgen-Kirche in der Wismarer Altstadt.

Nachdem im Januar 1990 ein Orkan Teile des Nordgiebels des Querhauses einstürzen ließ, bestand dringend Handlungsbedarf. Als »Wunder von Wismar« wurde der Wiederaufbau des sakralen Gebäudes international bekannt. Mehr als zwei Jahrzehnte dauerte die Sanierung, in deren Verlauf die Backsteinkirche zusätzlich eine Aussichtsplattform erhielt. Heute wird sie für Ausstellungen, Konzerte und Gottesdienste genutzt, St. Georgen ist Gotteshaus und Kulturkirche zugleich.

Eine schwere, reich verzierte Bronzetür führt in den Innenraum. Das Georgenportal mit Szenen aus der Bibel lohnt eine nähere Betrachtung. Am Ende der Kirchenhalle finden wir einen gläsernen Aufzug, mit dem wir ohne Anstrengung zur Aussichtsplattform auf dem Westturm gelangen – nur ein wenig Geduld ist erforderlich. Langsam, Meter für Meter steigt der Lift empor und erreicht nach etwa einer halben Minute sein Ziel. Aus etwa 35 Metern Höhe genießen wir einen beeindruckenden Ausblick. Ganz Wismar liegt uns zu Füßen und am Horizont sehen wir die Insel Poel.

Teile der ehemaligen Ausstattung der St.-Georgen-Kirche, wie beispielsweise der Hochaltar, das Triumphkreuz und das gotische Gestühl, finden sich heute in der Nikolaikirche Wismar.

Hanse Sektkellerei Wismar GmbH
Turnerweg 4
23966 Wismar
03841 48480
www.hanse-sektkellerei.de

 Bahnhof Wismar, 1 km Fußweg; Buslinien 130, 230, 235, 245, 330 bis Halt Dr.-Leber-Straße, 500 m Fußweg

6 Prickelnde Handwerkskunst

Hanse Sektkellerei Wismar

Weitab der Weinanbaugebiete Deutschlands erwartet die Besucher in der Hansestadt Wismar eine wahrhaft prickelnde Überraschung: eine Sektmanufaktur in einer ehemaligen schwedischen Befestigungsanlage aus dem 17. Jahrhundert. Wein aus der Pfalz reift im Alten Gewölbe, zehn Meter unterhalb der Stadt, zu edlem Sekt heran.

Bei einer Führung erhält der Gast Einblick in die hohe Handwerkskunst der traditionellen Sektherstellung. Nach dem sogenannten Champagner-Verfahren, in traditioneller Flaschengärung, wird der Sekt im historischen Backsteingewölbe produziert. Bis zu zwei Jahre, mindestens jedoch neun Monate und einen Tag dauert die Lagerung in Wismar. Unzählige Flaschen stecken während der letzten Phase des Gärverfahrens schräg in Rüttelbrettern und werden täglich von Hand um neunzig Grad gedreht – ein wahrer Marathon, bis der erlesene Tropfen fertig ist.

Der Höhepunkt des Besuchs ist zweifelsohne die Verkostung einiger ausgewählter Sektspezialitäten im eigens dafür eingerichteten stilvollen Veranstaltungsraum. Während flackernde Kerzen ein stimmungsvolles Licht zaubern, genießen die Besucher die exquisiten Getränke und erfahren Wissenswertes rund um den Sekt. Wussten Sie beispielsweise, dass jedes gute Sektglas einen Moussierpunkt besitzt? Diese winzige angeraute Stelle am Kelchboden verstärkt das Aufperlen des gelösten Kohlendioxids im Sekt.

Nach dem prickelnden Erlebnis können Sie bequem mit dem Aufzug zum ebenerdigen Ausgang gelangen. Das historische Gewölbe ist heute in ein modernes Gebäude integriert.

Ein schönes Souvenir ist eine Flasche der Hanse Edition, ein Sekt im goldenen maritimen Design mit historischen Schiffsabbildungen.

Timmendorf-Strand
Startpunkt:
Parkplatz Timmendorf
Tau'n Lüchttorm
23999 Insel Poel
www.insel-poel.de/
timmendorf-strand.php

Buslinie 230 bis Halt
Strand Timmendorf

7 Das Poeler Briefmarkenmotiv

Timmendorf-Strand

Der kleine beschauliche Ortsteil Timmendorf-Strand auf der Insel Poel (nicht zu verwechseln mit der Gemeinde Timmendorfer Strand in Schleswig-Holstein) vermittelt bereits auf den ersten Blick Entschleunigung und Urlaubsgefühle. Ob mit Bus oder Auto – direkt am Ortseingang endet die Fahrt des Tagesbesuchers an Haltestelle oder Parkplatz.

Über eine malerische Straße führt unser Spaziergang an reetgedeckten Häusern entlang in Richtung Leuchtturm, Hafen und Strand. Damit haben wir bereits die Höhepunkte der hübschen Siedlung an der Westküste der Insel Poel erwähnt.

Als eines der Wahrzeichen der Insel begrüßt der im Jahr 1872 in Betrieb genommene Timmendorfer Leuchtturm schon von Weitem die Gäste, ganz gleich, ob sich diese vom Land oder auf dem Wasser nähern. Auch heute noch weist das Leuchtsignal Kapitänen den Weg in den Wismarer Hafen. Der Backsteinturm steht Besuchern nicht für einen Aufstieg offen, ist jedoch ein äußerst beliebtes Fotomotiv. Sein Abbild zierte in früheren Zeiten sogar eine Briefmarke der ehemaligen DDR-Post.

Für maritimes Flair sorgen zusätzlich ein kleiner Fischerei- und Sportboothafen und ein feinsandiger, breiter Strand mit sehr guter Infrastruktur. Auf die Badegäste warten die typischen Ostsee-Strandkörbe für einen bequemen Aufenthalt, und in direkter Nähe sorgen Fischimbiss, Restaurants und Cafés für das leibliche Wohl.

Im offenen Meer vor dem Badestrand bargen Archäologen im Jahr 1999 das Wrack einer historischen Kogge aus der Hansezeit. Die Wissemara im Wismarer Alten Hafen ist ein Nachbau dieser sogenannten Poeler Kogge.

Dank der besonderen Lage an der Westküste der Insel Poel können Besucher am Hafen und am Strand Timmendorf spektakuläre Sonnenuntergänge erleben.

Leichte Wanderung zur Teufelsschlucht
Startpunkt: Haffplatz
18230 Ostseebad Rerik
www.rerik.de

Restaurant Captain Flint
Haffplatz 1
18230 Ostseebad Rerik
038296 779869
www.captain-flint-rerik.de

Buslinie 104 bis Halt Haffanleger, 230 m Fußweg

8 Strand oder Uferweg?

Leichte Wanderung zur Teufelsschlucht

An Herbsttagen nehmen nur noch wenige Wagemutige ein Bad in der Ostsee, den meisten Gästen ist das Wasser in dieser Jahreszeit zu kalt. Dennoch können wir auch außerhalb der Badesaison den wundervollen Strand der Ostseeküste genießen. Etwas Wind weht eigentlich immer, aber mit der richtigen Kleidung ist ein Spaziergang ein schönes Erlebnis.

Ostseebad Rerik

Die Luft ist erfüllt von den Rufen der Seevögel, und wir riechen schon am Ausgangspunkt unserer leichten Wanderung den Duft des Meeres.

Vom Haffplatz in Rerik startet unsere kleine Tour, und dort wird sie nach ungefähr vier Kilometern auch wieder enden. Wir betreten in Höhe des Aussichtspunktes Schmiedeberg den feinsandigen Strand und wandern entlang der Wasserlinie in Richtung Nordost.

Beinahe scheint es, als würden Himmel und Meer am Horizont miteinander verschmelzen – dort, wo Meeresblau und Azur des Himmels aufeinandertreffen. Die Küstenlinie verändert sich in ihrem Verlauf; sahen wir zunächst auf unserer rechten Seite einen flachen Pflanzenbewuchs, erhebt sich später eine Steilküste neben uns, die schließlich beim Strandzugang Teufelsschlucht eine Höhe von zehn Metern erreicht.

Außerhalb der Urlaubssaison sind wir an dieser Stelle beinahe allein am schmalen Ufer, das von einigen großen Steinen geziert wird und sich für eine kleine Rast anbietet, bevor wir über eine Holztreppe die Steilküste hinaufsteigen. 87 Stufen führen hinauf zu einem Parkplatz mit WC. Für die Rückkehr zum Haffplatz nutzen wir den Uferweg, auf den wir unmittelbar am Aufgang treffen, und genießen dabei den Ausblick über das Meer. Wanderer, die den Aufstieg vermeiden möchten, gehen einfach am Strand zurück.

Nach der Wanderung haben wir uns eine Stärkung verdient. Wie wäre es mit einer kulinarischen Rast im Fischrestaurant Captain Flint direkt am Haffplatz?

Haffplatz
18230 Ostseebad Rerik
www.rerik.de

 Buslinie 104 bis Halt Haffanleger, 230 m Fußweg

9 Zwischen Ostsee und Salzhaff

Haffplatz

Im Vergleich zu vielen anderen Orten an der Ostseeküste mutet Rerik beschaulich an. Große Hotelbauten entdecken wir bei einem Spaziergang nicht, stattdessen besticht das kleine Ostseebad mit kurzen Wegen. Ob Supermarkt, Bäcker oder Heimatmuseum – alles ist fußläufig zu erreichen und Besucher können getrost auf das Auto verzichten.

Hinzu kommt der Standort am nordöstlichen Ende des Salzhaffs, einem von der Ostsee durch die Halbinsel Wustrow nahezu abgetrennten Bereich der Mecklenburger Bucht. Damit locken auf der einen Seite die malerische Küste und auf der anderen die Strände des flachen und ruhigeren Salzhaffs zum Verweilen oder zu einem leichten Spaziergang.

Nirgendwo kommt diese außergewöhnliche Lage Reriks deutlicher zur Geltung als am Haffplatz. Nur wenige Meter trennen hier Salzhaff und Ostseestrand. Kleine Cafés und gemütliche Restaurants mit küstentypischen Köstlichkeiten laden zur Einkehr ein. Von den Außenterrassen der Lokale genießen die Besucher den Blick auf den idyllischen Hafenbereich und entspannen nach einem Spaziergang über die Haffpromenade oder einem Bummel durch die zahlreichen Souvenirshops. Im Sommer sorgen auf der idyllisch gelegenen Freifläche Handwerksmärkte und Livemusik für Unterhaltung.

Den kulinarischen Klassiker der Küste, leckere Fisch- oder Krabbenbrötchen, bekommen die Gäste auch auf die Hand beim beliebten Fischimbiss Captain Flint. Vom kleinen Bootsanleger auf der Haffseite starten Ausflugsschiffe zu beliebten Rund- und Kaffeefahrten im Salzhaff.

Einen besonderen Ausblick auf die Landzunge zwischen Ostsee und Salzhaff können die Besucher vom nahe gelegenen Aussichtspunkt Schmiedeberg nach dem Aufstieg über eine Holztreppe genießen.

Großsteingräber Gaarzer Hof
Dorfweg/L122
18230 Ostseebad Rerik

Heimatmuseum Rerik
Dünenstraße 4
18230 Ostseebad Rerik
038296 78429
www.rerik.de

Buslinie 134 bis Halt Rerik Friedhof

10 Ausflug in die Steinzeit

Großsteingräber Gaarzer Hof

Großsteingräber oder Dolmen bestehen meist aus senkrecht in den Boden eingelassenen Tragsteinen, über die waagerecht tonnenschwere Decksteine als Dach aufgelegt wurden. Mit ungläubigem Staunen und großer Bewunderung betrachten wir heutzutage das Ergebnis dieser Meisterleistungen der ersten Siedler.

Wie mögen die Menschen in der Jungsteinzeit, allesamt Ackerbauern oder Viehzüchter, diese mächtigen Granitblöcke wohl transportiert, aufgerichtet und verbaut haben? Welche Hilfsmittel verwendeten sie? Welchem Zweck dienten diese Anlagen, die an vielen Orten in Deutschland vor mehr als 5.000 Jahren entstanden sind?

Heute gehen die Archäologen davon aus, dass die steinzeitlichen Bauten über einen längeren Zeitraum als sogenannte Kollektivgräber dienten. Gefundene Beigaben lassen darauf schließen, dass die Erbauer an ein Leben nach dem Tod glaubten.

Geschichtsinteressierte und Hobbyarchäologen können in Mecklenburg-Vorpommern eine Vielzahl dieser Großsteingräber besichtigen. Allein acht in gutem Zustand befinden sich rund um das Ostseebad Rerik, zwei davon am Rande der Landstraße L122, etwa 1,2 Kilometer östlich vor dem Ortseingang. Leicht von der Straße aus zu erkennen, wurden die Dolmen auf einem kleinen Hügel errichtet und sind über einen Trampelpfad über einen Acker erreichbar. Beide Megalithgräber sind ebenfalls durch einen Pfad miteinander verbunden.

Vor Ort geben Schautafeln interessante Informationen zur ursprünglichen Größe und zum Aussehen der gesamten Anlage sowie zu den Ausgrabungsfunden.

Am Heimatmuseum Rerik starten von Mai bis September einmal wöchentlich fachkundig geführte Wanderungen zu einigen der Großsteingräber in der Umgebung des Ostseebads.

Leuchtturm Buk
Zum Leuchtturm
18230 Bastorf
www.leuchtturm-bastorf.de

Bäder-Express Kühlungsborn
Strandstraße 44A
18225 Kühlungsborn
038293 13957

Buslinie 104 bis Halt Bastorf GMZ, 800 m Fußweg

11 Kleiner Leuchtturm ganz hoch

Leuchtturm Buk

Weithin sichtbar beherrscht der Leuchtturm Buk die umliegende flache Landschaft. Majestätisch ragt er am Kap Bukspitze zwischen Kühlungsborn und Rerik gen Himmel. Der runde Backsteinturm mit roter Kappe steht unter Denkmalschutz und ist ein beliebtes Ausflugsziel der Region. Obwohl das Bauwerk mit seinen 20,8 Metern einer der kleinsten Leuchttürme Deutschlands ist, besitzt es aufgrund seiner topografischen Lage auf der Landzunge und deren Geländehöhe von 78 Metern über dem Meeresspiegel das höchste Leuchtfeuer an der deutschen Küste. Aus 95,3 Metern Höhe strahlt das Licht bei Dunkelheit weit auf die Ostsee hinaus und warnt vor der lang gestreckten Sandbank Hannibal an der Einfahrt zur Wismarer Bucht.

An diesem exponierten Standort bietet sich den Besuchern bereits am Fuß des Turmes ein hervorragender Fernblick auf die Ostseeküste. Noch beeindruckender zeigt sich das Panorama von der Aussichtsplattform aus. Nach erfolgtem Aufstieg über 55 Stufen können die Gäste bei klarem Wetter in westlicher Richtung gar die Insel Fehmarn, einige dänische Inseln und in östlicher Richtung Rostock und Warnemünde entdecken.

Direkt neben dem Leuchtturm lädt das Café und Restaurant Valentins zum Verweilen und Genießen ein. Lassen Sie sich auf der komfortablen Außenterrasse oder im gemütlichen Innenbereich des Hauses eine Tasse Kaffee und ein Stück Torte aus der hauseigenen Konditorei schmecken. Oder Sie greifen zu einem herzhaften Snack. Eine besondere Spezialität des Hauses sind verschiedene Sanddornprodukte wie Sanddorneis oder die köstliche Schoko-Sanddorn-Sahne-Torte.

Der Bäder-Express im Stil einer nostalgischen Mini-Bahn bringt in der Sommersaison Ausflügler direkt von Kühlungsborn (ab Haltestellen Seebrücke, Rathaus, Hermannstraße) zum Leuchtturm Buk und zurück.

Seebrücke Kühlungsborn
Zur Seebrücke 1
18225 Ostseebad Kühlungsborn
www.kuehlungsborn.de

Jacht- und Bootshafen Kühlungsborn
Fulgen 5
18225 Ostseebad Kühlungsborn
www.bootshafen-kuehlungsborn.de

Buslinie 104 bis Halt Kühlungsborn-Ost, 1,1 km Fußweg

12 Übers Meer spazieren

Seebrücke

Es birgt eine besondere Faszination: Wir unternehmen einen Spaziergang über dem Meer. Mit jedem Schritt auf der Seebrücke entfernen wir uns ein wenig vom malerischen Sandstrand hinter uns. Nach circa 240 Metern haben wir den Brückenkopf erreicht, vor uns liegt die Ostsee in ihrer nahezu unendlichen Weite.

An dieser Stelle wenden wir uns zurück und schauen auf den Küstenverlauf. Ausgiebig genießen wir das Panorama und atmen tief die salzige Meeresluft ein. So ein Spaziergang tut bei jedem Wetter gut.

Dienten die Bauwerke auf dem Wasser in früheren Zeiten überwiegend zur Überbrückung der Strecke zwischen der flachen Uferzone und den Anlegestellen für Schiffe, sind sie heute selbst beliebte Ausflugsziele geworden. Insbesondere zum Sonnenuntergang und in der Blauen Stunde finden sich viele Gäste an den beliebten Fotomotiven ein, flanieren über der See und genießen die Aussicht. Bei Einbruch der Dunkelheit sind häufig Angler auf der Jagd nach Dorsch oder Hering.

Die Seebrücke in Kühlungsborn ist die erste ihrer Art, die nach der Wiedervereinigung Deutschlands an der Küste Mecklenburg-Vorpommerns errichtet wurde. Nach einer Bauzeit von nur fünf Monaten wurde sie fertiggestellt und avancierte schnell zum beliebten Treffpunkt und Veranstaltungsort dieses Ostseebades. Viele Ausflüge starten von hier aus. Das Schiff MS Baltica steuert ganzjährig die Anlegestelle an und schafft Verbindungen nach Warnemünde und nach Rerik. Auch der Bäder-Express macht Station. Gäste können von der Haltestelle zu einer gemütlichen Runde mit der kleinen Bahn starten.

Im nahe gelegenen Jachthafen (nur wenige Schritte in östlicher Richtung) lockt eine kulinarische Pause in einem der Restaurants oder Cafés.

Mecklenburgische Bäderbahn Molli
Molli-Museum
Bahnhof Kühlungsborn-West
Fritz-Reuter-Straße 1
18225 Kühlungsborn
038293 431331
www.molli-bahn.de

Buslinien 104, 121 bis Halt Bahnhof Kühlungsborn-West

13 Eisenbahnromantik pur

Fahrt mit dem Molli nach Bad Doberan

Der prächtig ausgestaltete Salonwagen wirkt, als entstamme er einer längst vergangenen Eisenbahnepoche. Beim Anblick der roten Samtpolster, Messinglampen und der kleinen Leuchten auf den Holztischen fühlen wir uns zurückversetzt in die Blütezeit der Eisenbahn Anfang des 20. Jahrhunderts. Bei einer Tasse Kaffee und einem Stück Kuchen

genießen wir den Luxus der Entschleunigung und beobachten aus dem Fenster die vorbeiziehende Landschaft. Unsere Fahrt beginnt in Kühlungsborn-West und führt vorüber an Heiligendamm, der weißen Stadt am Meer.

Nachdem wir den Küstenwald durchquert haben, wechseln sich gelbe Rapsfelder mit grünen Wiesen ab. Schließlich fährt der »Molli« in Bad Doberan durch enge Straßen, direkt an Häusern und Gärten vorüber bis zum Bahnhof des Ortes. Wir verabschieden uns jedoch bereits an der Haltestelle Stadtmitte von dem gemütlichen Salonwagen, um vor der Rückfahrt noch einen Spaziergang durch den nahen Park zu unternehmen.

Passagiere, die den Molli in seiner vollen Pracht mit der nostalgischen Lokomotive fotografieren möchten, sollten dazu eine Verbindung von Kühlungsborn nach Bad Doberan wählen. Nur auf dieser Route ist die Lokomotive in Vorwärtsrichtung vor den Zug gespannt. Die Loks drehen nie, sondern wechseln bei der Richtungsänderung lediglich über ein freies Gleis an das andere Ende der Bahn.

Der Molli verkehrt im Sommer stündlich und im Winter alle zwei Stunden zwischen Bad Doberan und Kühlungsborn. Gezogen von einer nostalgischen Dampflokomotive ist die Eisenbahn eine der bekanntesten Attraktionen der Region. Eine Fahrt mit dem Molli gehört unbedingt zu einem Besuch der mecklenburgischen Ostseeküste.

Planen Sie unbedingt vor Fahrtantritt einen Abstecher ins Molli-Museum am Bahnhof Kühlungsborn-West ein!

 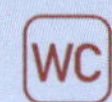 

Kamp
Am Kamp
18209 Bad Doberan
www.bad-doberan-heiligendamm.de

Mecklenburgische Bäderbahn Molli Haltestelle Stadtmitte
Alexandrinenplatz
18209 Bad Doberan
www.molli-bahn.de

Bahnhof Bad Doberan, 700 m Fußweg; Buslinie 119 bis Halt Stadtmitte, 160 m Fußweg

14 Idyllisch unter Linden wandeln

Kamp

Eine prachtvolle Lindenallee rahmt den Kamp in Bad Doberan ein. Mehr als 200 Jahre sind die prächtigen Bäume alt. Sie stammen aus der Zeit um das Jahr 1800, als die grüne Oase auf dem Grund einer ehemaligen Viehweide entstand. Damals wie heute laden sie dazu ein, in ihrem Schatten um den ältesten Park der Stadt zu flanieren.

Herzog Friedrich Franz I. ließ die dreieckige Grünanlage in seiner einstigen Sommerresidenz Doberan anlegen, um die Attraktivität des Ortes zu steigern. Nahe der Ostseeküste gelegen, zog dieser seit 1793 viele vermögende Gäste an, die am Heiligen Damm (dem heutigen Stadtteil Heiligendamm) badeten und in Bad Doberan das gesellschaftliche Leben genossen.

Ringsum entstanden viele prachtvolle Bauwerke, die auch heute noch vom Glanz dieser Zeit künden. Das klassizistische Großherzogliche Palais dient nun als Verwaltungssitz des Landkreises Bad Doberan. Das im spätbarocken Stil erbaute ehemalige Logierhaus beherbergt derzeit, ebenso wie das Prinzenpalais, ein Hotel.

Zu Beginn des 19. Jahrhunderts ließ der Herzog am Rande des Kamps die beiden zauberhaften Pavillons errichten, die die Zeit bis zum heutigen Tag überdauert haben. Während der rote Pavillon von einem Kunstverein als Galerie genutzt wird, empfängt das weiße Gebäude als Restaurant und Café die Besucher des Kamps. Auf der Fläche zwischen den beiden Bauwerken ließ die Stadt Bad Doberan im Jahr 2022 ein Wasserspiel anlegen, um den einstigen Lustgarten inmitten der Stadt zu verschönern.

Vom Kamp führen nur wenige Schritte zu einer der Haltestellen der nostalgischen Dampfeisenbahn Molli, die zwischen Bad Doberan und Kühlungsborn verkehrt.

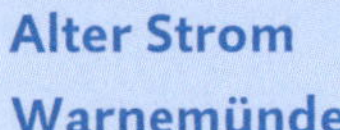

Alter Strom Warnemünde
Am Strom
18119 Rostock-Warnemünde

Tourist-Information Warnemünde
Am Strom 59/
Ecke Kirchenstraße
18119 Rostock-Warnemünde
0381 3812222
www.rostock.de

Bahnhof Warnemünde, 200 m Fußweg

15 Flaniermeile mit Geschichte

Alter Strom Warnemünde

Die schönste Aussicht auf den Alten Strom können die Besucher von der Bahnhofsbrücke genießen, die das Ortszentrum Warnemündes mit der Mittelmole verbindet. Den Blick in Richtung Norden gewandt, erstreckt sich die Wasserstraße genau vor dem Betrachter. Am östlichen und westlichen Ufer liegen Fischkutter und Ausflugsschiffe und warten auf

Kundschaft. Dazwischen fließt das Wasser des Kanals, der in der ersten Hälfte des 15. Jahrhunderts aus dem Mündungsarm des Flusses Warnow als Zufahrt zur Ostsee entstand. Zu jener Zeit war Warnemünde ein kleines Fischerdorf mit gerade einmal zwei Straßen: der Vörreeg (Vorderreihe) und der Achterreeg (Hinterreihe).

Seit 1903 nehmen die Schiffe den Weg durch den Neuen Strom zum Überseehafen, und der Alte Strom entwickelte sich bis heute zur beliebten Flaniermeile mit pittoresken Kapitänshäusern, gemütlichen Restaurants und Cafés, Boutiquen und Souvenirgeschäften. Gäste stehen vor der schwierigen Entscheidung, zum Essen Platz auf der Terrasse eines der vielen gemütlichen Restaurants oder lieber ein Fischbrötchen direkt vom Kutter auf die Hand zu nehmen.

In der Hafenatmosphäre, mit der salzigen Meeresluft in der Nase, schmeckt der Fisch einfach köstlich. Allerdings sind die Möwen der gleichen Ansicht und warten nur darauf, dass Reste herunterfallen. Zuweilen versuchen die fliegenden Räuber auch frech nach dem Frischbrötchen zu schnappen. Da die Vögel in der Vergangenheit immer wieder von Besuchern gefüttert und damit angelockt wurden, gibt es seit 2009 ein striktes Fütterungsverbot, bei dessen Zuwiderhandlung hohe Strafen drohen.

Wesentlich ruhiger als am Strom geht es in der Achterreeg zu. Die heutige Alexandrinenstraße ist mit hübschen Häuserfassaden und kleinen Geschäften ebenfalls malerisch.

Leuchtturm Warnemünde
(Ostersonnabend–Anfang Oktober)
Am Leuchtturm
18119 Rostock
0381 5192626
www.warnemuende-leuchtturm.de

Bahnhof Warnemünde, 750 m Fußweg; Buslinie 37 bis Halt Seestraße, 350 m Fußweg

16 Fl.(3+1)W.24s
Leuchtturm Warnemünde

Wussten Sie, dass jeder Leuchtturm eine charakteristische Kennung besitzt? Die des Warnemünder lautet: Fl.(3+1)W.24s 0,3+(2,7)+0,3+(2,7)+0,3+(8,7)+0,3+(8,7) s. Was auf den ersten Blick kompliziert wirkt, gibt Auskunft über die Art und Abfolge des Leuchtfeuers. Die Kennung besagt: Im Rhythmus des Lichtstrahls sind zunächst drei Lichtblitze mit kurzen Unterbrechungen zu erkennen, denen dann nach einer längeren Dunkelphase ein weiterer Lichtblitz folgt – mit einer Wiederkehr alle 24 Sekunden. Das »W« steht für weißes Leuchtfeuer.

Relevant ist dieses Wissen insbesondere für Schiffsführer, denn trotz seines Alters von mehr als 120 Jahren weist der Leuchtturm Warnemünde auch heute den Seeleuten den sicheren Weg in den Hafen. Zur Seite stehen ihm kleinere Verwandte: die Molenfeuer an der Einfahrt in den Seekanal und zum Überseehafen Rostock.

Mit seiner Turmhöhe von 31 Metern prägt das Bauwerk die Silhouette von Warnemünde und gilt als eines der Wahrzeichen des einstigen Fischerdorfes. Die Mitglieder eines Fördervereins organisieren und betreuen ehrenamtlich die touristischen Aktivitäten.

Gäste haben während der Saison von Ostersonnabend bis Anfang Oktober die Möglichkeit, die Wendeltreppe mit 134 Stufen bis zur Laterne zu erklimmen. Zwei Galerien in 14 und 25 Metern Höhe bieten eine Rundumsicht auf die Ostsee, den langen Warnemünder Strand und die Stadt.

Auch wenn Sie den Aufstieg nicht wagen möchten, lohnt sich ein Besuch des Leuchtturms unbedingt. Mit seinen weiß glasierten Steinen, den dunkelgrünen waagerechten Streifen, seiner grünen Haube und den beiden Galerien ist das Bauwerk ein dankbares Fotomotiv.

Alljährlich am Abend des 1. Januar findet am Fuße des Leuchtturms eine besondere Veranstaltung statt: Beim *Warnemünder Turmleuchten* wird das neue Jahr mit einer spektakulären Show gefeiert.

Strand Warnemünde
Seestraße und Parkstraße
18119 Rostock
www.rostock.de

Hotel Neptun
Seestraße 19
18119 Rostock
0381 7770
www.hotel-neptun.de

Bahnhof Warnemünde, 750 m Fußweg; Buslinie 37 bis Halt Seestraße

17 Barrierefrei ans Meer

Warnemünder Strand

Nahezu endlos liegt er vor uns, der Strand in Warnemünde. Kilometerlang erstreckt er sich von der Westmole mit ihrer markanten grün-weißen Leuchtbake über 24 Abschnitte bis zum Beginn des Küstenwaldes Stoltera. Ein feinsandiges Ufer, das flach ins Wasser abfällt und sich perfekt für einen Spaziergang eignet und dazu einlädt, ein paar Stunden in einem Strandkorb zu verbringen. Circa 2000 dieser bequemen Klassiker warten während der Hauptsaison von Mai bis September in Warnemünde auf Gäste. Dem Rauschen der Wellen zuhören, sich dem entspannenden Nichtstun hingeben oder endlich mal wieder ein gutes Buch lesen – die Möglichkeiten für einen entspannten Tag am Strand sind vielfältig.

Warnemünde schaut auf eine lange Geschichte zurück. Seit 1821 entwickelte sich die Badekultur in dem Seebad, seitdem kommt Jahr für Jahr ein Vielfaches der Einwohner als Touristen in den heutigen Rostocker Stadtbezirk. Gab es im 19. Jahrhundert noch getrennte Bereiche für Männer und Frauen, werden heute Abschnitte für Hundebesitzer und Freikörperkulturanhänger ausgewiesen. Die Freude am Strandbesuch aber ist unverändert, und die Infrastruktur vor Ort verbessert sich kontinuierlich.

Einige Abschnitte eignen sich besonders für Besucher, denen das Gehen im lockeren Sand schwerfällt oder die auf Gehhilfen angewiesen sind. Befestigte Wege führen an fünf Zugängen (Nr. 4, 6, 10, 14 und 18) ebenerdig bis dicht an das Wasser. Auch zu den Strandkörben können die Badegäste auf diesem festen Untergrund einfach gelangen. Barrierefreie Toiletten stehen ebenso zur Verfügung wie nahe gelegene Parkplätze für Behinderte.

Ein wundervoller Panoramablick über den Strand und die Ostsee eröffnet sich in der Sky-Bar des Hotels Neptun (tagsüber als Café Panorama geöffnet). Der Zugang ist barrierefrei möglich.

Karls Erlebnis-Dorf Rövershagen
Purkshof 2
18182 Rövershagen
038202 4050
www.karls.de/roevershagen

Buslinien 118, 131 bis Halt Karls Erlebnis-Dorf

18 Das »Erdbeerphänomen«

Karls Erlebnis-Dorf Rövershagen

Ein Erlebnispark, der gleichermaßen jüngere und ältere Besucher in seinen Bann zieht – gibt es das? Die einfache Antwort darauf lautet: »Ja, Karls!« Der Freizeitpark ist gewissermaßen ein »Erdbeerphänomen«, das Jahr für Jahr immer mehr Gäste aller Altersgruppen begeistert.

Die Mischung macht den Charme. Während Kinder von

Indoor-Spielplätzen und diversen Fahrgeschäften mit fantasievollen Namen wie Kaffeekannenexpress, Kessel-Flieger und Fliegender Kuhstall begeistert sind, zeigt sich bei den Erwachsenen die Faszination spätestens beim Betreten des großen Bauernmarktes, wenn sie vom süßen Erdbeerduft aus der Marmeladenküche empfangen werden. Zwischen Erdbeerprodukten, Bauernbrot und regionalen und saisonalen Spezialitäten ist das Stöbern ein reines Vergnügen. Durch die vielen Attraktionen ist so ein Bummel auch für die Kleinen unterhaltsam: In verschiedenen Schaumanufakturen können sie die Herstellung von Marmeladen, Bonbons, Popcorn, Schokolade, Keksen und vielen anderen Spezialitäten mitverfolgen. Diverse kulinarische Einrichtungen runden den Aufenthalt ab. In der Hof-Küche können die Gäste in rustikalem Ambiente Hausmannskost und saisonale Gerichte genießen.

Ein besonderes Erlebnis ist die *Eiswelt*, die wohl größte Eisskulpturenausstellung Deutschlands. Internationale Künstler schnitzen alljährlich zu einem wechselnden Motto Figuren aus schweren Eisblöcken. In einer frostig kalten Halle können die Besucher bei einem Rundgang die Kunstwerke bewundern und sich an der Eisbar mit einem köstlichen (Erdbeer-)Glühwein oder einer heißen Schokolade aufwärmen.

Mit der größten Kaffeekannensammlung weltweit hat es Karls in das Guinnessbuch geschafft. Und es wird weiter gesammelt, jeder kann nicht mehr benötigte Kaffeekannen an der Kundeninformation abgeben.

Vogelpark Marlow
Kölzower Chaussee 1
18337 Marlow
038221 265
www.vogelpark-marlow.de

Buslinie 204 bis Halt Marlow Vogelpark

19 Tierische Entdeckungsreise

Vogelpark Marlow

Während uns unzählige Zebrafinken und farbenprächtige Wellensittiche zwitschernd umfliegen, gibt es überall etwas Interessantes zu entdecken: Auf der einen Seite knabbert ein weißer Kakadu an einer Walnuss und hat vor Aufregung seine rote Federhaube aufgestellt. An anderer Stelle lassen sich einige gefiederte Gesellen die Körner aus dem Futterspender schmecken.

Wir befinden uns in einer großen Flugvoliere des Vogelparks Marlow, dessen Slogan »Tiere ganz nah erleben« lautet. Wundervoll umgesetzt ist dieses Motto in den zahlreichen begehbaren Freianlagen, in denen die Bewohner ohne Barrieren betrachtet werden können.

Der liebevoll gestaltete Vogelpark öffnete 1994 seine Pforten und wächst seitdem kontinuierlich. Thematisch gestaltete Bereiche entführen die Besucher auf verschiedene Kontinente. Zebrafinken aus Australien, Keas aus Neuseeland, Humboldtpinguine aus Südamerika: Mehr als 1.200 Tiere aus 135 Arten leben in der Anlage – inzwischen nicht mehr ausschließlich Federvieh. Über die Jahre kamen unter anderem lebhafte Kattas, Kängurus, Alpakas und viele andere Säugetiere hinzu.

In der Hauptsaison von Mitte März bis Ende Oktober begeistern verschiedene Greifvögel und Eulen die Zuschauer bei Flugschauen, und Papageien und Pelikane zeigen ihre Künste bei einer Tiershow.

Über den gut begehbaren und befahrbaren Rundweg erreichen die Gäste alle Attraktionen. Mehrere fantasievoll gestaltete gastronomische Einrichtungen bieten in der Hauptsaison Möglichkeiten für eine entspannte Rast und einen Imbiss. Die Kleinsten können sich in zehn spannenden Spiellandschaften auf dem Gelände austoben.

Für außergewöhnliche Übernachtungen stehen direkt im Park fünf Häuser bereit, die für eine oder mehrere Nächte gemietet werden können.

Ostsee-Schmuck GmbH
An der Mühle 30
18311 Ribnitz-Damgarten
03821 88580
www.ostseeschmuck.de

Deutsches Bernsteinmuseum
Im Kloster 1–2
18311 Ribnitz-Damgarten
03821 4622
www.deutsches-bernsteinmuseum.de

Bahnstation Ribnitz-Damgarten Ost, 850 m Fußweg; Buslinien 211, 212 bis Halt Damgarten, Stralsunder Chaussee, 850 m Fußweg

20 Die Tränen der Heliaden

Bernsteinschaumanufaktur Ostsee-Schmuck

Was für ein romantischer Gedanke, der Schmuckstein im Ring oder Kettenanhänger wäre eine von Göttern vergossene Träne! Den Gedichten des römischen Dichters Ovid zufolge beweinten die Heliaden, Töchter des Sonnengottes Helios aus der griechischen Mythologie, den Tod ihres Bruders Phaeton, und durch das Sonnenlicht sollen ihre Tränen zu Bernstein geworden sein.

Ribnitz-Damgarten

Um die Steine aus fossilem Harz ranken sich seit jeher Mythen und Sagen. Das »Gold der Ostsee« faszinierte die Menschen schon immer. Insbesondere im 17. und 18. Jahrhundert wurden aus diesem Material viele Schmuckstücke und exklusive Gebrauchsgegenstände gefertigt – als herausragendes Beispiel sei das berühmte Bernsteinzimmer genannt, das der Preußenkönig Friedrich Wilhelm I. im Jahr 1716 dem russischen Zaren Peter I. zum Geschenk machte.

Einen Einblick in die heutige Verarbeitung des edlen Materials erhalten Besucher in der Schaumanufaktur Ostsee-Schmuck. In den Werkstätten können sie sehen, wie die passenden Stücke des Naturbernsteins für den gewünschten Schmuck ausgewählt, gesägt, geschliffen und poliert werden.

Das markante pyramidenartige Gebäude am Rande der Stadt Ribnitz-Damgarten beherbergt außer der gläsernen Manufaktur eine große Verkaufsgalerie. Auf drei Etagen findet der Gast viele Informationen rund um das »Gold der Ostsee«, kunstvoll hergestellte Exponate und viele Schmuckstücke. Beinahe wie ein Fenster in eine weit zurückliegende Zeit wirken bemerkenswerte Einzelstücke mit Einschlüssen aus pflanzlichem Material oder kleinen Insekten.

Das Deutsche Bernsteinmuseum im nahen Kloster Ribnitz beheimatet eine umfassende Ausstellung zur Natur- und Kulturgeschichte des Baltischen Bernsteins.

Technikmuseum Pütnitz
(April–Oktober)
Flugplatzallee 5
18311 Ribnitz-Damgarten
0170 2235850
https://technikmuseum-puetnitz.de

Buslinie 201 bis Halt Damgarten Wendeplatz, rund 5 km Radweg

21 So war der Osten mobil

Technikmuseum Pütnitz

Wahre Schätze verbergen sich in den riesigen Hallen auf dem ehemaligen Militärflugplatz Pütnitz nahe der Stadt Ribnitz-Damgarten. Mehr als 750 Exponate aus dem ehemaligen Ostblock erwarten interessierte Besucher. Darunter befinden sich neben diversen militärischen Gerätschaften auch Nutzfahrzeuge, landwirtschaftliche und zivile Pkws aus der damaligen Zeit.

Es ist beeindruckend, wie viele unterschiedliche Fortbewegungsmittel der Technikverein Pütnitz in den drei großen Ausstellungshallen und auf dem weitläufigen Freigelände versammelt hat. Allein der Umfang des Museums lässt erahnen, welch enormes Engagement die Mitglieder in dieses Projekt mit einbringen.

Vor 1989 haben vorrangig Trabant und Wartburg das Straßenbild in der ehemaligen DDR geprägt. Unter den unterschiedlichen Vehikeln in Halle 2 können auch weniger bekannte Modelle und alte Schätze besichtigt werden. Vielleicht entdeckt so mancher gar einen Fahrzeugtyp, den er selbst einmal vor langer Zeit sein Eigen nannte.

Auch Eisenbahnfans kommen auf ihre Kosten: In einem Gebäude wurden Exponate aus der Zeit der Deutschen Reichsbahn zusammengetragen. Ein besonderes Erlebnis bieten spezielle Fahraktionen. Nach Voranmeldung können Besucher selbst einen URAL 375D im schweren Gelände steuern oder auf dem Beifahrersitz Platz nehmen. Wer gerne einmal einen 18 Meter langen Gelenkbus manövrieren möchte, kann sich diesen Wunsch ebenfalls im Technikmuseum erfüllen.

Da das Technikmuseum auf einem unwegsamen ehemaligen Militärgelände liegt, ist eine Anfahrt mit den öffentlichen Verkehrsmitteln nur in Kombination mit einer Radtour oder längeren Wanderung möglich. Parkplätze stehen auf dem Gelände in unmittelbarer Nähe der Ausstellungshallen zur Verfügung.

Rhododendronpark
Parkstraße
18181 Graal-Müritz
038206 7030
www.graal-mueritz.de/
rhododendronpark

Rhododendronparkfest
(Mai)
Rhododendronpark
18181 Graal-Müritz
www.ostsee.de/
graal-mueritz

Bahnhof Graal-Müritz, 1,3 km Fußweg; Buslinien 118, 202 bis Halt Graal-Müritz Süd, 750 m Fußweg

22 Blütenmeer an der Ostsee
Rhododendronpark

Sie können mehrere Meter hoch werden und verwandeln Gärten in ein farbenfrohes Blütenmeer mit betörendem Duft. Von den weltweit über 1.000 existierenden Arten von Rhododendren und Azaleen können Gäste im Rhododendronpark Graal-Müritz etwa 60 betrachten. Wussten Sie, dass es sogar eine spezielle Sorte gibt, die den Namen der Grünanlage in Graal-Müritz trägt? Sie bringt violette Blüten mit einer auffälligen Fleckzeichnung im Inneren hervor.

Wenn die Rhododendren in voller Blüte stehen, ist die beste Zeit für einen Besuch. Dieser Termin kann je nach Witterungsbedingungen zwischen Anfang Mai und Anfang Juni variieren. Da die Sträucher nicht alle gleichzeitig blühen, erstrahlt der Park circa sechs Wochen lang in prächtigen Farben. 2.500 Exemplare, über die gesamte Anlage verteilt, sind eine wahre Augenweide.

So ist es kaum zu glauben, dass sich an dieser Stelle bis in die 1950er-Jahre eine Sandgrube befand. Aufgefüllt mit torfhaltiger Erde und gestaltet durch den Gartenbauarchitekten Friedrich-Karl Evert aus Rostock, entstand daraus zwischen 1955 und 1960 schrittweise der wundervolle Rhododendronpark, der in Mecklenburg einmalig ist und in Deutschland seinesgleichen sucht.

Die frei zugängliche Grünanlage liegt nur wenige Hundert Meter vom Ostseestrand entfernt und ist auch außerhalb der Blühperiode der farbenfrohen Pflanzen einen Ausflug wert. In einem Pavillon innerhalb des Gartens finden ganzjährig Veranstaltungen statt, wie beispielsweise Konzerte oder Ausstellungen. Vielleicht treffen Sie ja auch auf Ihre Majestät, die Rhododendronkönigin von Graal-Müritz, die alljährlich neu gekrönt wird.

Zur Blütezeit der Sträucher feiert Graal-Müritz das Rhododendronfest mit einem großen Unterhaltungsprogramm für Klein und Groß.

Weststrand Darß
Darßer Ort 1–3
18375 Born am Darß

Parkplatz Drei Eichen
L21
18375 Born am Darß

Darßbahn Prerow bis Halt Darßer Ort (Nothafen), 2,6 km Wanderweg

23 Ein Traum aus Sand

Weststrand Darß

Das Klischee vom Traumstrand kommt uns unweigerlich in den Sinn beim Anblick dieses Küstenabschnitts direkt am Leuchtturm Darßer Ort: Vor uns liegt ein kilometerlanger weißer Sandstrand mit malerischem Treibholz und schiefen Bäumen am Ufer. Die wildromantische Atmosphäre hat ihren Preis: Es ist gar nicht so einfach, diesen traumhaften

Ort zu erreichen. Wir müssen eine Kernzone des Nationalparks Vorpommersche Boddenlandschaft durchqueren, um an die Nordwestspitze der Halbinsel Fischland-Darß-Zingst zu gelangen. Kraftfahrzeuge dürfen in dieses Gebiet nicht hinein. Verkehrsmittel der Wahl sind Fahrräder, alternativ eine Pferdekutsche über holprige Waldwege oder die Darßbahn ab Prerow.

Auch wenn der 14 Kilometer lange Weststrand schier endlos erscheint, menschenleer ist er zumindest in Leuchtturmnähe nicht. Der Zauber dieses Ortes hat sich herumgesprochen, nicht zuletzt seit der Fernsehsender *Arte* ihn zu einem der markantesten Strände weltweit erklärt hat. Wer die Einsamkeit sucht, muss jedoch nur ein Stück in südlicher Richtung spazieren. Mit jedem Schritt wird es ruhiger, und schließlich sind da nur noch das Meer, der Sand, das Treibgut und die Bäume. Ein Gefühl von Freiheit und Gelassenheit stellt sich spätestens an dieser Stelle ein.

Die windschiefen Bäume sind allerdings keine Palmen wie im gängigen Traumklischee. Es handelt sich um Kiefern, die sich landeinwärts neigen. Der stetig kräftig vom Meer in Richtung Land wehende Wind hat ihre Form geprägt, der sie die Bezeichnung »Windflüchter« verdanken – sie entziehen sich der steifen Brise, und manche Krone wirkt beinahe wie eine Fahne.

Am südlichen Ende des Weststrands liegt nahe Ahrenshoop der kostenpflichtige Parkplatz Drei Eichen in circa 1,5 Kilometern Entfernung.

Leuchtturm und Natureum Darßer Ort
Darßer Ort 1–3
18375 Born am Darß
038233 304
www.natureum-darss.de

Darßbahn Prerow bis Halt Darßer Ort (Nothafen), 2,6 km Wanderweg

24 Zwischen Weststrand und Urwald

Leuchtturm und Natureum Darßer Ort

Ein Ausflug zum Natureum führt uns in eine Landschaft von wildromantischer Schönheit mit nahezu unberührter Natur: Durch einen grünen Urwald erreichen wir den Leuchtturm Darßer Ort. Ohne menschlichen Einfluss entwickelt sich der Darßwald, bestehend aus alten Kiefern, Fichten und Rotbuchen, bewachsen von Pilzen und Blaubeersträuchern, bewohnt von Rot- und Schwarzwild, Eichhörnchen und einer Vielzahl heimischer Vögel. Direkt angrenzend an den Wald sehen wir weite Schilfgebiete und Dünen.

So viel Ursprünglichkeit gilt es zu schützen, und so dürfen wir uns nur auf ausgewiesenen Pfaden und zum Teil über Holzbohlenwege bewegen. Autos sind in dieser Kernzone des Nationalparks Vorpommersche Boddenlandschaft nicht zulässig. Ein Stück des Weges zum Leuchtturm an der Nordwestspitze der Halbinsel Fischland-Darß-Zingst kann mit der Darßbahn, zu Fuß, per Fahrrad oder mit der Pferdekutsche ab Prerow zurückgelegt werden.

In dem historischen Bauwerk aus dem Jahr 1848 befindet sich mit dem Natureum eine Außenstelle des Deutschen Meeresmuseums Stralsund. Auf drei Etagen werden Einblicke in den Naturraum Darßer Ort, in die Flora und Fauna des Nationalparks gegeben. Ein großes Salzwasseraquarium beherbergt Tiere, die im Flachwasser der Ostsee beheimatet sind. Auch dem sogenannten »Gold der Ostsee«, dem Bernstein, ist ein Bereich gewidmet.

Eine Turmbesteigung mit wundervoller Panoramasicht auf den Weststrand, die Dünen und den Küstenwald kann den Ausflug zum Natureum abrunden. 134 Stufen führen hinauf bis zur Plattform. Der rote Backsteinturm dient heute noch zur Orientierung für die Schifffahrt und warnt vor den Untiefen an der Küste vor Darßer Ort.

Nach Turmaufstieg und Ausstellungsbesuch, bietet sich vor dem Antreten des Rückwegs eine kurze Rast im Café am Leuchtturm an. Es gehört zum Museum und ist nur dessen Gästen zugänglich.

Hafen Zingst
Hafenstraße 1B
18374 Ostseeheilbad
Zingst
www.zingst.de/hafen

Kranichhaus
Hafenstraße 2
18374 Ostseeheilbad
Zingst
038232 848948
www.zingst.de/
kranichhaus

Buslinie 210 bis Halt
Zingst Zentrum, 500 m
Fußweg

25 Maritimes Flair und Boddenblick

Hafen Zingst

Ostseestrand und Boddenhafen liegen nur einen kurzen Spaziergang voneinander entfernt. Auf der einen Seite von Zingst erstreckt sich ein breiter feinsandiger Küstenabschnitt, während das Boddenufer an der gegenüberliegenden Seite des Ortes von Schilfrohr gesäumt ist. Der kleine Hafen am Zingster Strom ist Ausgangspunkt für verschiedene Schiffsausflüge. So starten hier Boddenrundfahrten oder Touren zur Kranichbeobachtung. Schiffsrouten verbinden Zingst mit Barth, Stralsund und Hiddensee. Nostalgisches Flair und Spaß für jüngere und ältere Passagiere verspricht der Ausflug mit einem originalgetreu, nach amerikanischem Vorbild konstruierten Mississippi-Schaufelraddampfer. Die River Star der Reederei Poschke zieht mit ihrem einmaligen Charme die Aufmerksamkeit auf sich.

Viele Gäste besuchen diesen Ort, um die maritime Atmosphäre und die malerische Aussicht über den Bodden auf die Insel Kirr zu genießen. Zur Zeit der Kranichrast bietet sich allabendlich ein spektakuläres Schauspiel, wenn bei Sonnenuntergang Tausende dieser beeindruckenden Vögel zu ihren Schlafplätzen im flachen Boddengewässer zurückkehren. Die trompetenden Rufe der Kraniche sind schon lange zu hören, bevor das Auge die Schwärme erblicken kann.

Für das leibliche Wohl sorgen rund um den Hafen verschiedene Restaurants und Cafés. Sehr beliebt sind Fischbrötchen oder Snacks direkt vom Futter-Kutter. Köstliche Fischgerichte werden im Restaurant Kranichhaus serviert, das mit einem großen Terrassenbereich auch zum Verweilen im Freien einlädt.

Ein besonderes Ambiente können die Besucher im Ponton auf dem Bodden genießen, der zum Restaurant Kranichhaus gehört.

Max Hünten Haus
Schulstraße 3
18374 Ostseeheilbad Zingst
038232 165110
www.zingst.de/max-huenten-haus

Umweltfotofestival »horizonte zingst«
18374 Ostseeheilbad Zingst
www.zingst.de/fotofestival-horizonte

Buslinie 210 bis Halt Zingst Zentrum

26 Ein Dorado für Fotobegeisterte

Max Hünten Haus

Nicht nur im Frühjahr und Herbst, wenn der Wind die Trompetenrufe der Kraniche trägt, zieht es unzählige Fotobegeisterte auf die Halbinsel Fischland-Darß-Zingst. Die Natur in der Region bietet zu allen Jahreszeiten einzigartige Motive und Naturschauspiele wie die Kranichrast, die Hirschbrunft, malerische Strände und Boddenlandschaften sowie romantische Morgenröte und Sonnenuntergänge. Das Tourismuskonzept der Region bindet das Thema Fotografie seit Jahren ein und bündelt viele Angebote für Interessierte in einer zentralen Anlaufstelle: dem *Max Hünten Haus* Zingst als Haus der Fotografie.

Das moderne Gebäude zieht aufgrund seines außergewöhnlichen Aussehens schon von Weitem den Blick auf sich. Was sich hinter der Fassade verbirgt, lässt das Herz aller Kamerafreunde höherschlagen: Unter einem Dach finden sich eine Fotoschule, ein Printstudio, der Fotoservice, Ausstellungen und kompetente Ansprechpartner. Eine Fotobuchsammlung bringt Inspiration für eigene Projekte. Die Bibliothek im Obergeschoss mit Büchern, Filmen und Spielen für die ganze Familie rundet das Angebot ab.

Die von erfahrenen Fachleuten geleiteten Workshops und Kurse sind bei Einsteigern sowie bei Hobby- und professionellen Fotografen gleichermaßen beliebt und können online im Voraus oder vor Ort im *Max Hünten Haus* gebucht werden. Besonders begeistert die Gäste der Kamera- und Equipment-Verleih von Stativen, Objektiven, Filtern und Ferngläsern.

Seit 2008 wird alljährlich das Umweltfotofestival *horizonte zingst* mit einem umfangreichen Programm von Workshops, Ausstellungen und täglichen Talks und Multivisionsshows veranstaltet. Die Ausstellungen sind über den gesamten Ort verteilt: in Galerien und unter freiem Himmel.

Strand Zingst
Seestraße
18374 Ostseeheilbad Zingst
www.zingst.de/strand-urlaub-ostsee

Fotokunstpfad Zingst
18374 Ostseeheilbad Zingst
www.zingst.de/olympus-fotokunstpfad

Buslinie 210 bis Halt Zingst Zentrum, 900 m Fußweg

27 Spuren im Sand
Strandspaziergang

Die Wellen brechen tosend an den Buhnen, die Möwen zanken lautstark um Futter, der Wind zerzaust die Haare und die Luft schmeckt nach Salz und Meer – ein Strandspaziergang stimuliert alle Sinne. Eine Wanderung entlang der Wasserkante entspannt, macht den Kopf frei und lässt den Alltag für eine Weile zurücktreten. Durch das Laufen auf dem weichen Untergrund trainieren wir Gleichgewicht und Koordination, das Reizklima tut dem Körper gut und der weite Blick über die Ostsee bis zum Horizont wirkt wie Balsam für die Seele. Mutige ziehen die Schuhe aus, wagen einige Schritte durch das kühle Nass und spüren den Sand unter den Füßen.

Außerhalb der Hauptsaison, wenn sich kaum Badegäste tummeln, kommen viele Spaziergänger an den feinsandigen Zingster Strand. Auf einer Länge von 15 Kilometern reihen sich verschiedene Abschnitte aneinander, sodass jeder den für sich perfekten Bereich finden kann. Für einen barrierefreien Zugang können Besucher die Aufgänge 12, 22, 23, 25 und 26 wählen, um komfortabel ans Meer zu gelangen.

Zahlreiche Fotomotive können die Spaziergänger am Ostseestrand von Zingst entdecken. Möwen nehmen auf den Buhnen Platz und lassen sich auch von der spritzenden Gischt nicht vertreiben. Zwischen den Strandaufgängen 26 und 27 haben Passanten die Möglichkeit, die Umgebung im wahrsten Sinne durch eine rosarote Brille zu betrachten. Ein entsprechendes überdimensionales Modell ist von Juni bis Oktober Bestandteil des Fotokunstpfades Zingst und lädt zu einem Erinnerungsbild ein. Nur wenige Meter entfernt, an und auf der Seebrücke, warten weitere kunstvolle Skulpturen.

Die Kunstobjekte des ganzjährigen Fotokunstpfades laden an verschiedenen Standorten in und um Zingst zum Entdecken ein.

Kranorama am Günzer See
(Zugzeiten im März und September/Oktober)
18445 Altenpleen
038323 80540
www.kraniche.de/de/kranorama.html

NABU-Kranichzentrum
Lindenstraße 27
18445 Groß Mohrdorf
38323 80540
www.kraniche.de

Buslinie 305 bis Halt Altenpleen Günz, 850 m Fußweg

28 Vögel des Glücks

Kranichbeobachtung im Kranorama

Die Luft ist erfüllt von den lauten Trompetenrufen der »Vögel des Glücks«. Ein kleiner Verband nähert sich und setzt zur Landung an. Den Kopf nach vorn gestreckt, mit weit gegen die Flugrichtung aufgestellten Flügeln und herabhängenden Beinen suchen die Kraniche einen Platz auf der Wiese vor dem Kranorama, wo sich bereits viele ihrer Artgenossen sowie unzählige Gänse und Enten eingefunden haben. Es ist faszinierend, diese wunderschönen Großvögel aus nächster Nähe zu beobachten.

Im Herbst und Frühjahr sammeln sich alljährlich viele Tausende Kraniche an ihren Rastplätzen in Mecklenburg-Vorpommern vor der Weiterreise in die Überwinterungs- oder Brutgebiete. Riesige Schwärme übernachten in den flachen Boddengewässern des Nationalparks Vorpommersche Boddenlandschaft und starten jeden Morgen zur Nahrungssuche auf den nahen Äckern des Festlands. Um die Vögel von diesen zum Wohle der Landwirtschaft abzulenken, wird auf den Flächen am Kranorama gezielt Futter ausgebracht. Dort finden sich tagtäglich zahlreiche Kraniche während ihrer Rast ein.

Die scheuen Tiere haben eine Fluchtdistanz von 300 Metern. Durch den Schutz der geschlossenen Beobachtungsstation bleiben sie am Kranorama jedoch ungestört, und wir können ihren Anblick in Ruhe genießen. Bereitstehende Spektive und Ferngläser ermöglichen vor Ort ein beeindruckendes Naturerlebnis. Interessante Schautafeln informieren im Gebäude über die faszinierenden Vögel. Kranich-Rangerinnen und -Ranger beantworten gern Fragen der Besucher. Das Kranorama wird überwiegend durch Spendengelder finanziert.

Das NABU-Kranichzentrum in Groß Mohrdorf informiert in einer ganzjährig geöffneten Dauerausstellung über die großen Vögel.

Ozeaneum
Hafenstraße 11
18439 Stralsund
03831 2650610
www.ozeaneum.de

Deutsches Meeresmuseum
Katharinenberg 14–20
18439 Stralsund
3831 2650210
www.meeresmuseum.de

Buslinien 1, 6 bis Halt Ozeaneum

29 Faszinierende Unterwasserreise

Ozeaneum

Abtauchen in die Tiefen der Ozeane und die Giganten des Meeres aus der Nähe betrachten – das ist ein Traum, den viele Menschen hegen. Am Ende unseres Besuchs im Ozeaneum können wir eine außergewöhnliche Perspektive erleben und krönen damit unseren Rundgang durch verschiedene Ausstellungsbereiche rund um die See und ihre Lebewesen.

Wir lassen uns auf bequemen Liegen nieder und tauchen in der 20 Meter hohen Halle der Ausstellung *1:1 Riesen der Meere* in eine faszinierende Welt ein. Über uns gleiten beinahe schwerelos gigantische Blauwale und Buckelwale hinweg; wir entdecken einen Mantarochen, einen Pottwal und einen Riesenkalmar. Die Dimensionen der Tiere beeindrucken. So besitzt das Maul eines Blauwals durchschnittlich 80.000 Liter Fassungsvermögen. Die Augen des Riesenkalmars erreichen einen Durchmesser von bis zu 40 Zentimetern. Die Gesänge der Wale und die Lichtstimmung lassen das Gefühl aufkommen, wir wären tatsächlich hinabgetaucht und befänden uns quasi im Wohnzimmer dieser beeindruckenden Riesen.

Das moderne Museumsgebäude beherbergt insgesamt sechs interessante Ausstellungen über die Weltmeere. Intensiv wird die Ostsee thematisiert. Sehr schön gestaltete Aquarien zeigen ihre Unterwasserwelt. Über einen Bereich eigens für Kinder gelangen die Gäste zur Dachterrasse mit einer Pinguinanlage. Der Thematik der Erforschung und Nutzung der Meere gibt das Museum ebenso Raum wie dem Umweltschutz und dem Weltmeer als grundlegendem Bestandteil des globalen Klimasystems.

Die Stiftung Deutsches Meeresmuseum betreibt mit dem Meeresmuseum einen weiteren Standort in Stralsund. Mit einem Kombi-Ticket erhalten Sie Zutritt zu beiden Einrichtungen.

Gorch Fock I
An der Fährbrücke
18439 Stralsund
03831 666520
www.gorchfock1.de

Nordmole
18439 Stralsund
www.ostsee.de/stralsund/hafen.html

Buslinien 1, 6 bis Halt Ozeaneum, 260 m Fußweg

30 Das Original einer Legende

Gorch Fock I

Segelschiffe üben einen besonderen Reiz auf viele Menschen aus. Ihnen haftet der Nimbus von Freiheit und Abenteuer an. Vielleicht hängt das damit zusammen, dass Segelschiffe in früheren Zeiten auf Expeditionen die Weltmeere befuhren und noch bis zum Beginn des 20. Jahrhunderts die Handelsrouten in ferne Länder bedienten. Heute kennen wir Großsegler entweder als Touristenattraktion zu Land und zur See oder im Rahmen der Ausbildung von Seeleuten.

Die Gorch Fock I war und ist beides – 1933 in nur 100 Tagen als Schulschiff erbaut, versenkte die deutsche Wehrmacht die Bark am 30. April 1945 im Strelasund. Zwei Jahre später wieder gehoben und instand gesetzt, wurde sie Bestandteil von Reparationsleistungen und fuhr unter dem Namen Towarischtsch (auf Deutsch: Genosse) für die sowjetische Marine. Nach Auflösung der Sowjetunion war sie für die ukrainische Marine mit Heimathafen in Cherson im Einsatz. Ein deutscher Verein erwarb schließlich im Jahr 2003 die mittlerweile in recht desolatem Zustand befindliche Bark. Sie erhielt ihren ursprünglichen Namen zurück und wurde sukzessive restauriert.

Mittlerweile ist das einstige Segelschulschiff eine beliebte Touristenattraktion und gewährt Einblicke in das Leben an Bord. Im Stralsunder Hafen können wir das Original und damit erste Exemplar einer weitgehend baugleichen Reihe von insgesamt sechs Schwesterschiffen besichtigen. Das letzte lief 1958 vom Stapel und trägt den gleichen Namen wie das Original: Die Gorch Fock II dient Schulungszwecken der deutschen Marine. Die Nummerierung trägt übrigens lediglich zur Unterscheidung bei, der offizielle Name beider Großsegler lautet Gorch Fock.

Schlendern Sie im Hafen über die 450 Meter lange Nordmole bis zum grün-weißen Molenfeuer. Dort eröffnet sich ein toller Panoramablick über die Gorch Fock und das gesamte Hafengelände.

Störtebeker Brauquartier
Greifswalder Chaussee 85
18439 Stralsund
03831 2550
www.stoertebeker-brauquartier.com

Buslinien 3 oder 60 bis Halt Brauerei, 300 m Fußweg

31 Vom Biersommelier empfohlen
Störtebeker Brauquartier

Deutschland ist zweifellos bekannt für Biertradition, und ein Platz an der Küste, an dem seit 1827 der erfrischende Gerstensaft produziert wird, ist unbedingt einen Ausflug wert.

Die Störtebeker Brauerei in Stralsund schaut auf eine wechselvolle Geschichte zurück. Als Ende des 19. Jahrhunderts die eleganten Ostseebäder ihren Aufschwung erlebten, stieg die Nachfrage nach den Erzeugnissen der Stralsunder Brauerei stetig an. Die Firma wechselte von der Innenstadt Stralsunds an den heutigen Standort und stellte Biere erstklassiger Qualität her. Nach schwierigen Bedingungen für die Herstellung als volkseigener Betrieb zu DDR-Zeiten erfuhren die Brauerei und die traditionsreichen Erzeugnisse nach der politischen Wende ein sensationelles Comeback. Seit 2011 steht die Störtebeker Manufaktur für handwerkliche Produktion verschiedener Spezialitäten. Zum Brauquartier gehören heute neben der Manufaktur auch ein Markt für die hauseigenen Biere und ein Gasthaus. Darüber hinaus erwarten den Besucher verschiedene Erlebnisse wie Brauereiführungen, Genussverkostungen, Biersommelier-Abende oder gar Menüs mit Bierbegleitung.

Bei einer Führung erhalten die Teilnehmer Einblicke in die handwerkliche Kunst des Brauens. Beim Rundgang durch die Produktionsstätte und hochmoderne Abfüllanlage wird den einzelnen Herstellungsschritten und dem Geschmack der verschiedenen Gerstensäfte auf den Grund gegangen. Den Höhepunkt des Rundgangs bildet die abschließende Verkostung. Unter Anleitung des Guides und Biersommeliers dürfen die Gäste einige ausgewählte Spezialitäten des Hauses probieren.

Versäumen Sie nicht die Einkehr im Braugasthaus! Im rustikalen Ambiente können Sie köstliche saisonale und regionale Gerichte sowie hauseigene Brauspezialitäten genießen.

Klosterruine Eldena
Wolgaster Landstraße 41
17493 Greifswald
www.greifswald.de

Caspar-David-Friedrich-Zentrum
Lange Straße 57
17489 Greifswald
03834 884568
www.caspar-david-friedrich-gesellschaft.de

Buslinie 508 bis Halt Greifswald Eldena, 250 m Fußweg

32 Auf Wegen der Romantik wandeln

Klosterruine Eldena

Wir begeben uns auf die Spuren von Caspar David Friedrich (1774–1840). Vor uns erhebt sich das markante Westportal der Klosterruine Eldena, die dank seiner Bilder und Zeichnungen international bekannt ist und zu den wohl berühmtesten Ruinen Deutschlands gehört. Vielfach finden wir dieses Motiv in den Werken des Greifswalder Malers, ob in düsterer Landschaft im Gemälde *Abtei im Eichenwald*, inmitten üppiger grüner Natur der *Klosterruine Eldena bei Greifswald* oder im Winter beim *Klosterfriedhof im Schnee*. Beim Blick auf das malerische Bauwerk können wir gut nachvollziehen, weshalb der Künstler es als sein Lieblingsmotiv auserkor und damit zum Symbol der deutschen Romantik machte.

Die im Jahr 1199 von Zisterziensern gegründete Abtei wurde 1535 im Zuge der Reformation in Pommern wieder aufgelöst. Nach Zerstörungen und Plünderungen im Dreißigjährigen Krieg dem Verfall preisgegeben und als Steinbruch für andere Bauprojekte in der Greifswalder Altstadt verwendet, blieben vom einst prachtvollen Bauwerk nur noch Rudimente.

Der wunderschöne Park, der die historischen Gemäuer umgibt, geht auf Entwürfe des berühmten Gartenkünstlers Peter Joseph Lenné im Auftrag des preußischen Königs Friedrich Wilhelm IV. zurück. Letzterer war es auch, der dem weiteren Verfall ein Ende setzte und erste Sanierungsarbeiten veranlasste.

Heute ist die Grünanlage ein beliebter Ort für Spaziergänger und die Klosterruine ein Wahrzeichen Greifswalds. Im Sommer bildet sie eine eindrucksvolle Kulisse für verschiedene Veranstaltungen. So besuchen alljährlich viele Gäste Theateraufführungen, den Eldenaer Klostermarkt und das Jazzfestival *Eldenaer Jazz Evenings*.

Wenn Sie mehr über das Leben und Wirken des berühmten Malers erfahren möchten, besuchen Sie das Caspar-David-Friedrich-Zentrum in Greifswald.

Marktplatz
17489 Greifswald
www.greifswald.de

Buslinien 2, 3 bis
Halt Knopfstraße,
200 m Fußweg

33 Schönheit aus gebackenem Stein
Historischer Marktplatz

»Das backsteinrote Herz von Greifswald« wird sie genannt, die pittoreske Altstadt. Die wundervoll sanierten Kirchen und Kaufmannshäuser im historischen Stadtkern bestehen aus den für die Region typischen roten Ziegeln. Nicht von ungefähr gehört Greifswald zur Europäischen Route der Backsteingotik.

In Ermangelung geeigneter natürlicher Gesteinsvorkommen griffen die Baumeister des Mittelalters auf die aus Lehm hergestellten Steine zurück. In Formen gepresst, getrocknet und gebrannt, entstand ein vielseitig verwendbares Baumaterial. Die rote Farbe resultierte aus dem hohen Eisengehalt des verarbeiteten Lehms und prägt bis heute das Bild vieler Städte im Ostseeraum.

An der Ostseite des nahezu quadratischen Marktplatzes im Herzen der Greifswalder Altstadt ziehen zwei prachtvolle Giebelhäuser aus dem 13./14. Jahrhundert unsere Blicke auf sich. Die reich mit Ornamenten verzierten Fassaden und Stufengiebel zeugen von der einstigen Blütezeit der Hanse.

Auf der gegenüberliegenden Seite entdecken wir das Motiv eines Aquarells von Caspar David Friedrich, dem berühmten Sohn der Stadt. Sein Bild *Der Greifswalder Marktplatz* zeigt Teile des heute in Ochsenblutrot gehaltenen Rathauses ebenso wie die Ratsapotheke direkt nebenan. Letztere sah damals, als der Maler sein Werk anfertigte, allerdings ein wenig anders aus. Erst im Jahr 1880 erhielt das Gebäude seine aktuelle prachtvolle Front. Wer sich das Aquarell einmal im Original anschauen möchte, dem bietet sich dazu im nahe gelegenen Pommerschen Landesmuseum die Möglichkeit.

Auf dem historischen Marktplatz laden gemütliche Straßencafés zur Einkehr ein. Regelmäßig finden Wochenmärkte und zu besonderen Terminen Themenmärkte statt.

Otto-Lilienthal-Museum
Ellbogenstraße 1
17389 Anklam
03971 245500
www.lilienthal-museum.de

Aeronauticon
Flugplatz 1
17389 Anklam
03971 245500

Bahnhof Anklam, 500 m Fußweg; Diverse Buslinien bis ZOB Anklam, 300 m Fußweg

34 Der Traum vom Fliegen

Otto-Lilienthal-Museum

Einem der größten Flugpioniere der Welt ist in seiner Geburtsstadt ein Museum gewidmet. Im Otto-Lilienthal-Museum in Anklam dreht sich alles um das Leben und Schaffen des berühmten mecklenburgischen Ingenieurs, um den Menschheitstraum vom Fliegen und die Anfänge der Luftfahrt.

Vögel im Flug haben den berühmten Sohn Anklams in seinen jungen Jahren fasziniert. Unzählige Stunden hat er sie beobachtet, seine Erkenntnisse im Buch *Der Vogelflug als Grundlage der Fliegerkunst* niedergeschrieben und damit die erste theoretische Abhandlung zum Thema Aerodynamik geschaffen. Basierend auf diesen Denkansätzen konstruierte Otto Lilienthal verschiedene Fluggeräte, bis er schließlich im Jahr 1891 erstmalig mit einem Hängegleiter eine Strecke von ungefähr 20 Metern in der Luft zurücklegte und einen wichtigen Meilenstein in der Geschichte des Fliegens setzte.

Interessante Modelle aller Fluggeräte Lilienthals können in einem eigens dafür errichteten Hallenanbau besichtigt werden. Die Tragflächen der alten Konstruktionen erinnern an Fledermausflügel und wirken angesichts des heutigen Erscheinungsbilds von Flugzeugen abenteuerlich. Hätten wir es gewagt, damit von einem Hügel in den Gleitflug zu starten? Beinahe todesmutig erscheint uns dieser Gedanke und verstärkt die Bewunderung für den großen Luftfahrtpionier.

In der Anklamer Ausstellung begeistern darüber hinaus Exponate aus der Erfindertätigkeit der Brüder Lilienthal sowie interaktive Experimente die Besucher. Auf anschauliche Weise vermitteln sie die physikalischen Grundlagen des Fliegens.

Mit Enkelkindern lohnt ein Abstecher zum Anklamer Flugplatz ins Aeronauticon, das zum Otto-Lilienthal-Museum gehört. Technik zum Anfassen und Ausprobieren sowie ein Abenteuerspielplatz laden zum Austoben ein.

Rügen und Hiddensee

Erste Edeldestillerie auf Rügen
Lieschow 18
18569 Ummanz
038305 55300
www.1ste-edeldestillerie.de

Bauer Lange
Lieschow 37
18569 Ummanz
038305 55150
www.bauerlange.de

Buslinie 38 bis Halt Lieschow, 2 km Wanderweg

35 Das Aroma macht's
Erste Edeldestillerie auf Rügen

Unser Ziel ist eine Destillerie mit eigenem Hofladen im Westen Rügens, am Rande des Nationalparks Vorpommersche Boddenlandschaft. Über schmale Straßen fahren wir entlang ausgedehnter Wiesen. Die nächste Bushaltestelle liegt etwa zwei Kilometer von dem Hofladen entfernt, den wir mit dem Auto ansteuern. Das Geschäft ist eine ausgezeichnete Adresse für alle, die gerne nach dem Essen einen edlen Digestif genießen.

Der Herstellung hochwertiger feingeistiger Tropfen haben sich die Betreiber der Ersten Edeldestillerie auf Rügen verschrieben. Einen Teil der dabei verarbeiteten Früchte ernten sie von den eigenen Bäumen. Auf der romantischen Obstwiese des alten Rügener Dreiseitenhofes stehen in langen Reihen Apfelbäume, an denen unter anderem köstliche alte Sorten wie Jacob Lebel und Johannes Böttner heranreifen. Die traditionellen Sorten zeichnen sich durch ihre Robustheit aus und sind besonders gut an die klimatischen Bedingungen der Region angepasst. Die Obstblüte auf der sonnenverwöhnten Insel ereignet sich einige Wochen später als im Rest Deutschlands, und die vielen Sonnenstunden bis weit in den Herbst lassen die köstlichen Früchte viel Aroma ausbilden.

Bei unserem Besuch im idyllisch gelegenen Lieschow erfahren wir: Die Qualität der verwendeten Früchte bestimmt wesentlich die Qualität eines fertigen Obstbrandes. Die Reife und das Aroma des Brennobstes werden wir später im Edelbrand schmecken, und daher dürfen nur beste Früchte in die Flasche. Etwa zehn Kilogramm Bio-Tafelobst stecken in jeder Flasche, die Kunden im hauseigenen Hofladen erwerben können.

Wenn Sie mit Enkelkindern unterwegs sind, planen Sie einen Abstecher zum nahe gelegenen Erlebnisbauernhof Lange ein.

Schillings Gasthof und Hofladen
Hafenweg 45
18569 Schaprode
038309 1216
www.schillings-gasthof.de

Buslinie 35 bis Halt Schaprode

36 Regionaler Genuss
Schillings Gasthof und Hofladen

Hofläden verfügen über einen besonderen Charme, ihr Sortiment umfasst in der Regel vornehmlich Lebensmittel aus eigener Produktion. Die Auswahl ist meist nicht sehr vielfältig, dafür punkten sie jedoch mit Frische und Nachhaltigkeit. Oft entdecken wir in solchen Verkaufsstellen das perfekte kulinarische Mitbringsel, dessen späterer Genuss schöne Erinnerungen weckt.

Schaprode

Direkt am idyllischen Hafen in Schaprode, von dem die Fähre zur Insel Hiddensee startet, liegt Schillings Hofladen. Namensgeber des Geschäfts ist die Familie Schilling, die ebenfalls den Gasthof nebenan führt und auf der Insel Öhe nachhaltige Landwirtschaft und Tierzucht betreibt. Wenn beispielsweise ein Rind geschlachtet wird, dann werden alle Teile verarbeitet. Demnach richtet sich die Speisekarte des Restaurants danach, was verfügbar ist, und umfasst nicht nur Steaks, sondern auch herzhafte Burger oder Rinder-Currywurst.

Verschiedene Arten Salami, eingewecktes Corned-Beef, köstliches Rillette oder Blutwurst vom Öhe-Rind können die Kunden im Hofladen erwerben. Süße Brotaufstriche wie Honig und Konfitüren, Käse sowie Spirituosen aus regionaler Erzeugung vervollständigen das Sortiment.

Auch Produkte von *Hiddenseer Kutterfisch* werden in dem kleinen Ladenlokal am Schaproder Hafen angeboten. Unter dieser Marke lässt Mathias Schilling den von den Hiddenseer Fischern gefangenen Ostseefisch in der Region verarbeiten und vertreiben – zu fairen Preisen. Das Projekt soll die Existenz der lokalen Fischer stärken und den Erhalt der traditionellen Stellnetzfischerei fördern. Natürlich steht der Fisch auch auf der Speisekarte im Restaurant.

In Schaprode herrscht Parkverbot. Für Autofahrer stehen zwei Großparkplätze am Hafen oder direkt am Ortseingang bereit. Zwischen Letzterem und dem Hafenbereich verkehrt der Hafenexpress als Shuttle.

Parkplatz Kap Arkona
Dorfstraße 31B
18556 Putgarten
www.kap-arkona.de

Rügenhof
Dorfstraße 22
18556 Putgarten
038391 13037
www.kap-arkona.de

Buslinie 14 bis Halt Kap Arkona
Ab Parkplatz mit der Kap-Arkona-Bahn bis Kap Arkona

37 Drei Türme und drei Bunker

Kap Arkona

Eine Anfahrt mit dem Pkw zum Kap Arkona endet am Ortseingang von Putgarten. Das Flächendenkmal ist autofrei, Ausnahmen gelten lediglich für Anwohner und ÖPNV. Die Entfernungen zu den Sehenswürdigkeiten sind kurz und können mit einem gemütlichen Spaziergang überbrückt werden. Wer es bequemer mag, kann die Kap-Arkona-Bahn nutzen, die zwischen dem großen Parkplatz und den Leuchttürmen verkehrt.

Der nördlichste Punkt der Insel Rügen wartet mit drei beeindruckenden Bauwerken auf. 35 Meter gen Himmel ragt der heute noch aktive Leuchtturm. Addiert mit der Höhe der Steilküste, erstrahlt sein Leuchtfeuer 75 Meter über dem Meeresspiegel und ist noch aus 22 Seemeilen Entfernung wahrzunehmen. Hinauf zur Aussichtsplattform führen 164 Stufen – oben angekommen, werden wir mit einem Panoramablick über die Halbinsel Wittow, Rügen und Hiddensee belohnt.

Direkt neben dem jüngeren Leuchtturm bewundern wir seinen Vorgänger, einen roten Backsteinbau nach Entwürfen von Karl Friedrich Schinkel. Der Schinkelturm beherbergt heute eine Außenstelle des Standesamtes. Der ehemalige Marinepeilturm komplettiert das einmalige Ensemble am Kap Arkona. Zudem erwarten eine Einkehrmöglichkeit sowie ein kleiner Shop die Gäste.

Hoch hinauf und tief unter die Erde gehen – beides ist an diesem Ort möglich. Von den drei ehemals auf Kap Arkona betriebenen Luftschutzräumen wurden zwei renoviert. Besucher können den Arkona-Bunker aus der Zeit der Wehrmacht und den Marineführungsbunker aus der DDR-Zeit besichtigen. Beide unterirdischen Räume beherbergen informative Ausstellungen.

Nur etwa einen Kilometer vom Kap Arkona entfernt liegt der Rügenhof. Der ehemalige Gutshof beheimatet verschiedene Geschäfte mit regionalen Produkten, Schauwerkstätten und Cafés.

Parkplatz Kap Arkona
Dorfstraße 31B
18556 Putgarten
www.kap-arkona.de

Gasthof Zum Goldenen Anker
Vitt 2
18556 Putgarten
038391 12134
www.goldener-anker-vitt.de

Buslinie 14 bis Halt Putgarten, 1,2 km Fußweg
Ab Parkplatz mit der Kap-Arkona-Bahn bis Vitt

38 Welterbe und pure Küstenidylle

Fischerdorf Vitt

Nach einer kurzen Fahrt mit der Kap-Arkona-Bahn kommen wir am wohl idyllischsten Platz der Insel Rügen an: dem Fischerdorf Vitt. Bei unserem Spaziergang vom Haltepunkt zum Hafen passieren wir zunächst die achteckige Kapelle, die ein Pastor vor über 200 Jahren nach Plänen des großen Architekten Karl Friedrich Schinkel erbauen ließ. Nach einigen

Minuten erreichen wir die 13 pittoresken, überwiegend reetgedeckten Häuser, die in einer Uferschlucht eingebettet sind.

Der autofreie, denkmalgeschützte Ort wurde 1973 in die Liste des UNESCO-Welterbes aufgenommen und ist heute eines der beliebtesten Ausflugsziele auf der Insel Rügen. Daher empfiehlt sich nach Möglichkeit ein Besuch in der Vor- oder Nachsaison, wenn weniger Touristen unterwegs sind.

Im 13. Jahrhundert erstmals urkundlich erwähnt, hat der einstige Fischerort seinen ursprünglichen Charme bewahrt, auch wenn dort heute nur noch eine Familie diesem Gewerbe nachgeht. Direkt am Hafen können frisch gefangener und anschließend geräucherter Fisch oder belegte Fischbrötchen gekauft und mit Blick auf die malerischen Kreidefelsen des Kap Arkona verzehrt werden. Eine frische Brise weht an der Küste immer, insbesondere an solch einer exponierten Lage. So schützt eine Mole aus aufgeschichteten Steinen den Hafen und die an Land gezogenen Boote.

An einigen Häusern in Vitt entdeckt der aufmerksame Betrachter außergewöhnliche Zeichen, sogenannte Hausmarken. Sie ähneln Runen und gingen in ihrer einstigen Bedeutung über die heutigen Hausnummern hinaus. Diese Eigentumszeichen kennzeichneten früher neben Gebäuden auch den sonstigen Besitz der Familie und wurden über Generationen vererbt.

In Vitt lädt das Restaurant Zum Goldenen Anker mit gemütlicher Atmosphäre zur Einkehr ein. Auf der Speisekarte stehen saisonale Fischgerichte, hausgemachter Kuchen und köstliche Fischbrötchen.

Stadthafen Sassnitz
Hafenstraße 12D
18546 Sassnitz
038392 665377
www.stadthafen-sassnitz.de

Buslinie 18 bis Halt Westmole

39 Maritimes Flair erleben

Stadthafen

Weit hinaus aufs Meer reicht die Aussicht von der Fußgängerhängebrücke, dem Wahrzeichen der nördlichsten Hafenstadt auf Rügen. Der sogenannte »Balkon mit Meerblick« verläuft in elegantem Schwung von der Oberstadt zum Stadthafen Sassnitz und schafft gleichzeitig eine barrierefreie Verbindung zu diesem beliebten Touristenziel. Während die großen Ostseefähren den Mukran Port ansteuern, dient der Hafen unterhalb des Zentrums als Basis für Fischkutter und Ausflugsschiffe sowie als Flaniermeile und Treffpunkt.

Wir spazieren vorbei am Museums-U-Boot HMS Otus, an verschiedenen Restaurants und dem Rügenmarkt mit Souvenirs sowie regionalen Spezialitäten bis zur Ostmole, die den Sassnitzer Stadthafen vor den mitunter stürmischen Wellen schützt. Bis zum Molenkopf können wir beinahe 1,5 Kilometer über die Ostsee flanieren. Angekommen am grün-weißen Leuchtturm bietet sich wiederum ein wundervoller Ausblick auf die prächtigen Villen im Stil der Bäderarchitektur an der Strandpromenade. Allerdings sollten die Spaziergänger immer das Wetter und die Windstärke berücksichtigen, um nicht von aufspritzender Gischt in einen feinen Nebel aus tausenden Wassertropfen gehüllt zu werden. Im Winter kann der Weg durch Gischt und Kälte durchaus glatt werden, und der Leuchtturm ist dann oft von einer bizarr wirkenden Eisschicht überzogen.

Wieder zurück am Molenfuß verweilen wir gern in einem der Cafés mit Meerblick bei Kaffee oder einem wärmenden Punsch. Gleich nebenan können wir direkt am Kutter köstliche Fischbrötchen oder Räucherfisch kaufen und das Hafenflair genießen.

Im Sassnitzer Stadthafen finden traditionell am zweiten Wochenende im Juli die Rügener Hafentage statt, eines der größten Volksfeste der Insel.

Erlebniswelt U-Boot
Hafenstraße 18
18546 Sassnitz
038392 677888
www.hms-otus.com

Stadthafen Sassnitz
Hafenstraße 12D
18546 Sassnitz
038392 665377
www.stadthafen-sassnitz.de

Buslinie 18 bis Halt Westmole

40 Im Dienst Ihrer Majestät

Erlebniswelt U-Boot

Die Bezeichnung lässt bereits darauf schließen: Das im Sassnitzer Stadthafen zu besichtigende U-Boot HMS Otus stammt ursprünglich aus Großbritannien. »Her Majesty's Submarine« – das U-Boot Ihrer Majestät – befuhr im Dienst der Royal Navy lange Zeit die Weltmeere. Im Jahr 1977 nahm die Otus in der Bucht vor Spithead an der Flottenparade anlässlich des 25-jährigen Jubiläums der Thronbesteigung Königin Elizabeths II. teil. Im Auftrag der Queen war das Schiff später im Gebiet vor den Falklandinseln im Südatlantik und im Persischen Golf im Einsatz.

Nach seiner Außerdienststellung verkaufte die Navy es im Jahr 1991, und die Volkswerft Stralsund rüstete es in der Folge im Auftrag des neuen Eigentümers für den Einsatz als Museums-U-Boot um. Heute können wir dieses 90 Meter lange und 8 Meter breite Unterseeboot im Hafen von Sassnitz besichtigen und einen Eindruck vom Leben an Bord und vom Arbeitsalltag der aus 68 Personen bestehenden Besatzung gewinnen.

Die Innenausstattung ist größtenteils original erhalten. Wer die Enge nicht scheut, kann hautnah verschiedene Bereiche wie Torpedoraum, Mannschaftsraum und Kommandozentrale erkunden und einen Blick durch das immer noch funktionstüchtige Periskop werfen. Wie mag es sich wohl anfühlen, wenn die Otus bis zu 300 Metern unter der Meeresoberfläche abtaucht? Geräusche über die Bordlautsprecher vermitteln ein Gefühl, als würde das U-Boot tatsächlich in den Tiefen der Ostsee auf Kurs gehen.

Stärken Sie sich nach dem Besuch der HMS Otus mit einem köstlichen Fischbrötchen, frisch vom Kutter und nur wenige Schritte entfernt im Sassnitzer Stadthafen.

Kutter- und Küstenfisch
Hafenstraße 12D
18546 Sassnitz
038392 5130
www.sassnitz.kutterfisch.de

Rügenmarkt
Hafenstraße 12D
18546 Sassnitz
038392 51341

Buslinie 18 bis Halt Westmole, 600 m Fußweg

41 Frisch vom Fischer

Manufaktur Kutter- und Küstenfisch

Lange und breite Sandstrände sucht man in Sassnitz vergeblich, dennoch bietet die nördlichste Stadt Rügens mit dem attraktiven Hafen und der Bäderarchitektur maritimes Flair. Sassnitz machte sich in der Geschichte keinen Namen als Ostseebad, sondern vielmehr durch seine lange Fischereitradition. Neben Rostock der zweitgrößte Fischereistandort der ehemaligen DDR, stachen zeitweise bis zu 200 Kutter vom Hafen in See.

Auch heute noch spielt das traditionelle Gewerbe eine große Rolle im Sassnitzer Stadthafen. Je nach Saison bringen die Kutter frischen Dorsch oder auch Flunder an Land, der dann sofort entschuppt, ausgenommen und weiterverarbeitet wird. Als Fang des Tages landet der frische Fisch in den Verkaufstheken oder auf den Speisekarten der Lokale in der direkten Umgebung.

Die Manufaktur Kutterfisch im Sassnitzer Stadthafen gilt als eine der besten Adressen für fangfrischen Fisch im Norden Rügens. Im Hafenambiente lädt das Selbstbedienungsrestaurant mit moderaten Preisen zum kulinarischen Genuss ein. Die Gäste können entweder im Innenbereich oder auf der Hafenterrasse in einem Strandkorb Platz nehmen. Fischbrötchen auf die Hand sind eine gute Alternative für Spaziergänger, die einen köstlichen Snack für unterwegs bevorzugen. Diesen sollten sie allerdings gut festhalten: Die Möwen an der Küste sind ziemlich frech und einem kleinen Diebstahl nicht abgeneigt.

Viele Urlauber kommen auch kurz vor der Heimreise nochmals zur Verkaufstheke, um sich für zu Hause mit frischen oder geräucherten Fischspezialitäten zu versorgen.

Im nahe gelegenen Rügenmarkt bestimmen regionale Produkte von der Insel das Sortiment, die als Mitbringsel sehr beliebt sind.

Kreidemuseum Rügen
Gummanz 3a
18551 Sagard
038302 56229
www.kreidemuseum.de

Buslinie 12 bis Halt Neddesitz, 900 m Fußweg

42 Vom weißen Gold Rügens

Kreidemuseum Rügen

Einem der berühmtesten Gemälde Caspar David Friedrichs und Touristen dienen sie gleichermaßen als beliebtes Motiv: Die weißen Kreidefelsen der Stubbenkammer sind die Wahrzeichen Rügens. Sie bestehen aus Rügener Schreibkreide, die vor rund 70 Millionen Jahren aus Ablagerungen kalkhaltiger Reste unzähliger winziger, mit bloßem Auge kaum zu erkennender Meereslebewesen entstanden ist. Aber nicht nur die berühmten Klippen der Insel bestehen aus diesem Material. Im Untergrund der Insel finden sich vielerorts große Schichten aus Kreide. Das »weiße Gold« wird auf Rügen seit Beginn des 18. Jahrhunderts abgebaut.

Das restaurierte Fabrikgebäude eines ehemaligen Steinbruchs in Gummanz beherbergt heute ein sehenswertes Museum rund um den inseltypischen Kalkstein. Eines lernt der Besucher gleich zu Beginn: Obwohl die Bezeichnung ähnlich klingt, unterscheidet sich das vor Ort abgebaute Material von der Tafelkreide und wird auch nicht zu deren Herstellung verwendet. Stattdessen wird der Rohstoff in der chemischen Industrie, in der Landwirtschaft und im Kosmetikbereich für Produkte wie Farben, Porzellan und Keramik, Dünger oder die bekannte Rügener Heilkreide genutzt.

Die Ausstellung vermittelt anschaulich Wissenswertes zum geologischen Hintergrund, zur Geschichte des Kreideabbaus auf der Insel und zeigt interessante Fossilienfunde. Der Außenbereich gibt einen Eindruck von den Ausmaßen des Gummanzer Bruchs und der harten Arbeit, als der Abbau mit Muskelkraft erfolgte. Auf dem Naturlehrpfad zum sogenannten Kleinen Königsstuhl eröffnen sich faszinierende Fotomotive.

Wenn Sie gerne selbst einmal in der Kreide nach fossilen Überresten suchen möchten, nehmen Sie an einer der vom Kreidemuseum organisierten Exkursionen zum Kreidetagebau Promoisel teil.

Störtebeker Festspiele
(Ende Juni bis Anfang September)
Am Bodden 100
18528 Ralswiek
03838 31100
www.stoertebeker.de

Reederei Kipp
Zubringer Störtebeker Festspiele
Am Hafen
18556 Breege
038391 12306
www.reederei-kipp.de

Bustransfer von diversen Ostseebädern Rügens; Schiffstransfer ab Hafen Breege

43 Ein Besuch bei Rügens Piraten

Störtebeker Festspiele

Es ist ein faszinierendes Gesamtpaket: Wir erleben eine abenteuerliche Geschichte um den berühmten Robin Hood der Meere und seine Likedeeler. Spannende Schwertkämpfe wechseln sich ab mit Momenten großer Gefühle. Pferde und Kutschen überqueren in rasantem Tempo die Bühne, wir werden von pyrotechnischen Effekten überrascht, und auch die Schiffe auf dem Bodden werden ins Spektakel miteinbezogen. Jede Vorstellung auf der Naturbühne endet mit einem fulminanten Feuerwerk.

Die Störtebeker Festspiele begeistern Zuschauer aller Altersgruppen, und ein Besuch bei Rügens Piraten ist ein Muss auf Deutschlands größter Insel. Wiederholungen sind nicht zu befürchten, da in jeweils fünfjährigen Zyklen Jahr für Jahr neue Geschichten von der Entwicklung des einfachen Klaus von Alkuns zum legendären Freibeuter Störtebeker bis hin zu seinem traurigen Ende erzählt werden.

Klaus Störtebeker und Goedeke Michels kämpfen von Ende Juni bis Anfang September auf der Freilichtbühne gegen die Pfeffersäcke. Das ist Theater der Superlative mit mehr als 150 Mitwirkenden, 30 Pferden, Greifvögeln und vielen Spezialeffekten. Vier nachgebaute alte Handelsschiffe auf dem Großen Jasmunder Bodden vervollständigen die malerische Kulisse einer der schönsten und beeindruckendsten Naturbühnen Europas.

Noch bevor Rügens Seeräuber die Freilichtbühne betreten, wird dem Publikum eine Adlershow *Könige der Lüfte* präsentiert. Auf sehr unterhaltsame Art und Weise stellt der Falkner verschiedene Greifvögel vor, die anschließend ihre Flugkünste und Jagdtechniken zeigen und teilweise spektakulär direkt über die Köpfe der Zuschauer hinwegfliegen.

Reisen Sie ab Hafen Breege mit einem Schiffszubringer über den Großen Jasmunder Bodden zum Freilichttheater an.

Schlosspark Pansevitz
Pansevitz 1A
18569 Kluis
www.stiftung-schlosspark-pansevitz.de

Buslinie 35 bis Halt Abzweig Gagern, 1 km Fußweg

44 Eine Oase der Ruhe

Schlosspark Pansevitz

Mehr als fünf Jahrzehnte lang war das Schloss Pansevitz dem Verfall preisgegeben und der zugehörige Park mit seinem alten Baumbestand verwilderte. Die Natur eroberte das Areal in weiten Teilen zurück, sodass einst liebevoll angelegte Wege und Teiche kaum mehr als solche zu erkennen waren. Das Gutshaus verwahrloste immer mehr, bis schließlich nur noch eine Ruine von der einstigen Pracht übrig blieb. Erst in den Jahren nach der politischen Wende im Osten Deutschlands erwachten Schwanenteich, Wundersee und Liebesinsel im Schlosspark Pansevitz zu neuem Leben und die verbliebenen Reste des Gutshauses wurden gesichert. Maßgeblich zu verdanken ist dies dem Engagement der 1945 enteigneten Eigentümerfamilie Graf zu Knyphausen. Sie kaufte die Grünanlage von der in der Nachwendezeit gegründeten Bodenverwertungs- und -verwaltungs GmbH zurück. Seit 2007 kümmert sich eine Stiftung um den wunderschönen Ort mit dem Ziel, diesen für nachfolgende Generationen zu erhalten.

Heute präsentiert sich der gepflegte Schlosspark Pansevitz im Stile eines englischen Landschaftsgartens. Das Gutshaus wurde nicht wieder errichtet, stattdessen wurden die verbliebenen Reste von Grundmauern, Treppentürmen und Gewölben gesichert. Nach dem Einbau einer Stahltreppe dient einer der Türme nun als Aussichtspunkt. Die Grünanlage lädt zum Flanieren durch schattige Alleen ein. Überall gibt es etwas zu entdecken, überraschen Sichtachsen und kunstvoll gestaltete Bereiche. Über eine hölzerne Brücke im Wundersee gelangen die Spaziergänger auf die Liebesinsel mit einem imposanten Weidenbaum. Erst auf den zweiten Blick wird die Nutzung der weitläufigen Anlage als Friedwald ersichtlich.

Im Herbst ist die Schlossruine besonders fotogen, wenn der an den Mauerresten rankende wilde Wein in feurigen Rottönen erstrahlt.

Textilstrand Binz
(Karsamstag)
18609 Ostseebad Binz
https://binzer-bucht.de/

Buslinie 27 bis Halt Haus des Gastes, 400 m Fußweg

45 Die bösen Geister vertreiben

Osterfeuer-Meile Binz

Der Ausblick von der Binzer Seebrücke ist überwältigend: So weit das Auge reicht, lodern in regelmäßigen Abständen Osterfeuer entlang der Küste. Besucher flanieren zwischen den brennenden Holzstapeln, unterbrechen ihren Spaziergang an den vielen Verkaufsständen der Binzer Gastronomie und genießen im wärmenden Lichtschein kulinarische Köstlichkeiten von Bratwurst bis heißen Sanddornsaft. Die knisternden Flammen, das Rauschen der Wellen und der frische Wind um die Nase – da kommt unweigerlich Lagerfeuerromantik auf.

Im Frühjahr kommen Urlauber wohl kaum nach Rügen, um im kalten Meer zu baden. Stattdessen zieht diese besondere Veranstaltung viele Touristen und Einheimische gleichermaßen an. Alljährlich am Osterwochenende werden an vielen Orten Deutschlands bei Einbruch der Dunkelheit Osterfeuer entzündet. Es heißt, sie sollen die bösen Geister des Winters vertreiben. Bei dem traditionellen Ereignis treffen sich Freunde und Familie und feiern den Wechsel vom Winter zum Frühling.

In Binz möchten die Organisatoren wohl sichergehen, dass das mit dem Vertreiben der bösen Geister auch wirklich funktioniert: Statt eines Osterfeuers werden am Karsamstag gleich zwei Dutzend Holzstapel aufgeschichtet. Ein gemütlicher Spaziergang entlang der lodernden Feuer ist ein denkwürdiges Erlebnis. Für die fast drei Kilometer lange Osterfeuer-Meile am Strand des Ostseebades sollte ausreichend Zeit eingeplant werden, warten doch an verschiedenen Stellen auch musikalische Programmpunkte.

Die Veranstaltung ist wetterabhängig: Sollte der Wind zu stark aus östlicher Richtung wehen, schlagen die Wellen zu weit auf den Strand und es ist eventuell nicht mehr sicher genug, um die Osterfeuer entzünden zu können.

Fahrgastschifffahrt ab Binz
Seebrücke
18609 Ostseebad Binz
www.ostsee.de/insel-ruegen/fahrgastschifffahrt-binz.html

Buslinie 27 bis Halt Haus des Gastes, 400 m Fußweg

46 Einzigartiges Farbenspiel

Schifffahrt zur Kreideküste

Die schönste Aussicht auf die berühmte Kreideküste im Nordosten der Insel Rügen können wir vom Meer aus genießen. Über 15 Kilometer von Lohme bis Sassnitz erstrecken sich die Klippen. Entstanden sind sie aus den Ablagerungen kalkhaltiger Schalen, Panzer und Skelette kleinster Lebewesen vor mehr als 70 Millionen Jahren.

Die mächtigen Klippen erstrahlen weiß im Sonnenlicht und bilden einen eindrucksvollen Kontrast zum Meeresblau und zum Grün der Bäume, die das Hochufer krönen. An der Küstenlinie geht das Azur der See in ein nahezu karibisches Türkis über. Die Kalkablagerungen im Wasser bewirken das faszinierende Farbenspiel.

Für diesen Anblick müssen wir an Bord gehen – da trifft es sich gut, dass von vielen Seebädern der Insel Rügen Schiffsausflüge zur Kreideküste unternommen werden. In Binz beginnt unsere Tour direkt an der Anlegestelle für Fahrgastschiffe auf der 370 Meter langen Seebrücke. Die Tickets erwerben wir in einem Kiosk direkt vor der Seebrücke. Schauen wir noch kurz in Richtung Land, bevor wir das Schiff betreten: Vom Brückenende aus bietet sich ein imposantes Panorama des Ostseebades mit dem berühmten Kurhaus.

Nach dem Ablegen fährt unser Schiff durch die Prorer Wiek, und am Ufer können wir den berühmten »Koloss von Prora« erkennen – ein Gebäude, das über 2,5 Kilometer die Küste dominiert. Die Fahrt geht weiter, und nach einem kurzen Zwischenstopp in Sassnitz erreichen wir schließlich die Kreideküste. Wir genießen die einzigartige Natur und das Zusammenspiel ihrer Farben. Wir lauschen den Geschichten des Kapitäns, der viel Wissenswertes über die außergewöhnliche Landschaft zu berichten weiß.

Vormittags ist der beste Zeitpunkt für einen Schiffsausflug zu den Kreidefelsen, da zu dieser Tageszeit der Königsstuhl von der Sonne angestrahlt wird und besonders imposant wirkt.

Fischräucherei Kuse
Strandpromenade 3a
18609 Ostseebad Binz
038393 2970
www.fischraeucherei-kuse.de

Buslinie 27 bis Halt Haus des Gastes, 600 m Fußweg

47 Fangfrischer Genuss

Fischräucherei Kuse

Das Boot mit den roten Fähnchen ist eines der meistfotografierten Motive am Binzer Strand. Es gehört dem letzten Berufsfischer im Ostseebad Binz, der seinen Tagesfang direkt in der hauseigenen Räucherei verarbeitet und im Strandlokal verkauft. Die Stangen mit den roten Fähnchen dienen der Markierung der ausgelegten Netze im Wasser und warnen Bootsführer davor, die Stellnetze zu überfahren. In der fünften Generation mittlerweile werden jeden Abend die Stellnetze oder Reusen in der Prorer Wiek ausgebracht und am nächsten Tag frühmorgens wieder eingeholt. Frischer geht es nicht – schon ab sechs Uhr morgens landen die ersten Fische im traditionell mit Buchenholz befeuerten Räucherofen und nur wenige Stunden später in der Auslage. Wenn um neun Uhr der Verkauf beginnt, warten oft schon die ersten Kunden.

Welcher Fisch gerade in den Auslagen zu finden ist, bestimmen Saison und Fangquoten. Das Jahr startet mit Hering und Dorsch, später folgen Hornhecht, Steinbutt, Flundern, Aal und Makrelen. Andere beliebte Arten wie Heilbutt, Lachs und Rotbarsch werden zugekauft und landen ebenfalls in den Räucheröfen der Fischerstube.

Die Spezialität des Hauses sind marinierte Pfefferheringe, süßsauer eingelegt mit einer leicht scharfen Note. Besonders beliebt sind die belegten halben Brötchen oder einfach ein Stück köstlichen Räucherfischs mit Brötchen oder Kartoffelsalat. Dazu ein erfrischendes oder wärmendes Getränk auf der windgeschützten Terrasse mit einem spektakulären Panoramablick über die Binzer Bucht – das ist Genuss pur!

Die Fischbrötchen werden in der Fischerstube als halbe belegte Brötchen verkauft, auf Wunsch kann der Kunde gegen einen kleinen Aufpreis aber auch die zweite Hälfte bekommen.

Jagdschloss Granitz
Jagdschloß Granitz 1
18609 Ostseebad Binz
0385 58841522
www.mv-schloesser.de

Wirtshaus im Jagdschloss Granitz
Jagdschloß Granitz 1
18609 Ostseebad Binz
038393 32872
www.wirtshaus-jagdschloss.de

Jagdschlossexpress, bspw. ab Seebrücke Binz bis zum Jagdschloss Granitz

48 Wo der Fürst auf die Pirsch ging

Jagdschloss Granitz

Weithin sichtbar überragt das Jagdschloss die grünen Baumwipfel im Naturschutzgebiet Granitz und die leuchtend gelben Rapsfelder der Umgebung. Nahezu märchenhaft, beinahe wie eine Krone, wirkt das Bauwerk in seiner quadratischen Form mit dem schinkelschen Mittelturm, der von vier kleineren Ecktürmen eingerahmt wird.

Fürst Wilhelm Malte I. zu Putbus ließ das Schloss auf der höchsten Erhebung der Granitz errichten. Bereits zuvor besaßen die berühmten Putbuser in diesem Waldgebiet einen Jagdsitz, den der Fürst in der ersten Hälfte des 19. Jahrhunderts schließlich mit diesem repräsentativen Bau ersetzte. Es diente dem Adligen und seinen Gästen als Domizil während der traditionellen Jagdveranstaltungen. Angesichts der Imposanz im Inneren lässt sich heutzutage erahnen, welche rauschenden Feste nach erfolgreicher Pirsch in den großzügigen Räumen gefeiert wurden. Bereits zur Jahrhundertwende um 1900 zog der Prachtbau zahlreiche Schaulustige an und konnte sogar besichtigt werden, wenn die Eigentümer nicht anwesend waren. Heute gibt eine interessante Ausstellung im Schlossmuseum einen Eindruck des Lebens der Fürstenfamilie.

Besuchermagnet und Höhepunkt der Anlage ist zweifellos damals wie heute der markante Mittelturm. Wer den Aufstieg wagt, gelangt über eine freischwebende Wendeltreppe mit 154 gusseisernen Stufen zur Aussichtsplattform des 38 Meter hohen Turmes. Schwindelfrei sollte man jedoch sein, da die kunstvoll durchbrochen gearbeiteten Stufen den Blick nach unten freigeben. Oben angekommen, belohnt ein fantastisches Panorama die Mühe.

Besuchen Sie auch das Wirtshaus im Jagdschloss Granitz und genießen Sie die »Wilde Deutsche Küche« im rustikalen Ambiente des Schlosskellers oder unter freiem Himmel im Biergarten.

Kurhaus Binz
Hotel Travel Charme
Strandpromenade 27
18609 Ostseebad Binz
038393 6650
www.travelcharme.com

Buslinie 27 bis Halt Haus des Gastes, 300 m Fußweg

49 Ein Juwel der Bäderarchitektur

Kurhaus Binz

Das meistfotografierte Gebäude in Binz wurde vor mehr als 100 Jahren erbaut und dominiert noch heute unübersehbar mit seinen auffälligen Türmen die Promenade des Ostseebades. Hinter ihm liegt eine wechselhafte Geschichte. Nachdem ein Feuer das ursprüngliche, im Fachwerkstil errichtete Haus im Jahr 1906 zerstörte, erfolgte ein Neubau aus Stein.

Er ist stummer Zeuge der dunklen Zeiten zweier Weltkriege ebenso wie der Goldenen Zwanzigerjahre des letzten Jahrhunderts. Wenn wir im eleganten Saal die Augen schließen, können wir die Charleston-Musik hören und die Tanzpaare sehen, die damals in rauschenden Ballnächten an diesem Ort umherwirbelten.

Seit jeher ist das Haus ein Mittelpunkt des gesellschaftlichen Lebens in Binz. Es beherbergte bis 1989 als Feriendomizil des DDR-Reisebüros viele prominente Gäste und hätte sicher so einige Geschichten zu erzählen, wenn seine Mauern sprechen könnten. Heute ist das Wahrzeichen von Binz ein erstklassiges Hotel. Viele Stammgäste schätzen den gebotenen Komfort, die Möglichkeiten von Wellnessbereich und Spa sowie die exponierte Lage des Gebäudes direkt an der Promenade und der Seebrücke. Mehrere Restaurants und eine Bar stehen nicht nur den Hausgästen offen und sind ein beliebter Treffpunkt für Urlauber und Einheimische. Der Kurhaussaal bietet den eindrucksvollen Rahmen für viele Veranstaltungen.

Bei schönem Wetter lädt die Terrasse vor dem Hotel zum Verweilen ein und bietet eine wundervolle Aussicht auf die Promenade sowie über den Kurplatz mit seinem Pavillon, Pergolen und Wandelhallen auf die Ostsee. Von Mai bis September wird auf dem Platz ein buntes Unterhaltungsprogramm geboten.

Der beste Blick auf das Kurhaus Binz und den Kurplatz bietet sich vom Brückenkopf der nahe gelegenen Seebrücke.

Sandskulpturen-Ausstellung Prora
Vierte Straße 4
18609 Ostseebad Binz
038393 123704
www.sandfest-ruegen.de

Bücherzirkus Prora
Vierte Straße 4
18609 Ostseebad Binz
038393 123703
www.buecherzirkus.de

Bahnhof Prora, 400 m Fußweg

50 Fragile Schönheiten

Sandskulpturen-Ausstellung Prora

Jeder, der schon einmal am Strand – vielleicht mit Kindern oder Enkelkindern – eine Sandburg gebaut hat, weiß um die Tücken dieses Baumaterials und die Vorsicht, die für die Beständigkeit des Bauwerks vonnöten ist. Nur eine einzige Unachtsamkeit, und die mühsam errichtete Sandburg fällt in sich zusammen. Bewundernd schauen wir daher auf die

Kunstwerke in der gläsernen Ausstellungshalle im Binzer Ortsteil Prora. Detailreich und geradezu riesig sind sie, nicht vergleichbar mit unseren bescheidenen Versuchen am Strand.

Die Sandkünstler, die die Skulpturen in der Proraer Glashalle erschaffen, haben einen eindeutigen Vorteil im Vergleich zum Durchschnittsstrandbesucher. Sie verwenden nicht den Sand aus der Umgebung, da dessen Körner von Wind und Wellen rund geformt sind und sich daher nicht zum Bauen und Formen eignen. Die Carver, wie die professionellen Sandkünstler genannt werden, errichten ihre Skulpturen aus einem speziellen Baumaterial aus scharfkantigen, eckigen Sandkörnern. Beim Verdichten zu einem festen Block verhaken sich diese ineinander, und so entsteht die erforderliche Stabilität.

Achtsamkeit beim Ausarbeiten der Skulpturen aus den vorbereiteten Blöcken ist dennoch geboten. Die Carver formen mit äußerster Vorsicht ihr Werk von oben nach unten, immer darauf bedacht, keine Schäden zu verursachen. Die Ergebnisse vieler Stunden künstlerischer Gestaltung mehrerer Tausend Tonnen Sand können Besucher schließlich in der Ausstellung in Prora bestaunen. Jährlich wechseln die Themen, die die Ausgestaltung der Exponate bestimmen, sodass Gäste immer wieder Neues entdecken können.

Stöbern Sie nach Ihrem Besuch der Sandskulpturenausstellung nebenan im *Bücherzirkus Prora* mit einem umfangreichen Sortiment von mehr als 10.000 Exemplaren.

Oldtimer Museum Rügen
Proraer Allee 119
18609 Ostseebad Binz
038393 2366
www.oldtimer-museum-ruegen.de

NVA Museum Rügen
Proraer Allee 119
18609 Ostseebad Binz
038393 2366
www.nva-museum-ruegen.de

Bahnhof Prora, 170 m Fußweg

51 Brezel-Käfer trifft Rennpappe

Oldtimer Museum Rügen

»Weißt du noch, unsere letzte Reise mit dem Trabi an die Ostsee?« Im Antlitz der ordentlich aufgereihten Fahrzeuge hört man manches sentimentale Gespräch über vergangene Zeiten. Wahre Schätze der automobilen Entwicklung von 1949 bis 1989 in Ost und West können Liebhaber historischer Vehikel im Oldtimer Museum in Prora besichtigen.

In der 10.000 Quadratmeter großen Halle entdecken wir viele Fahrzeuge mit Kultstatus. Da steht ein Exemplar des Brezel-Käfers, dessen Heckfenster entfernt an die Form einer Brezel erinnert und der in Westdeutschland in den 1950er-Jahren zum Straßenbild gehörte. Sein ostdeutsches Pendant, der IFA F8, ist in der Ausstellung ebenfalls zu sehen. Die beiden Modelle gehören zur einstmals geteilten Automobilgeschichte Deutschlands und markieren Meilensteine der fahrzeugtechnischen Entwicklung. Vielleicht zieht so mancher Betrachter insgeheim Vergleiche zum eigenen Pkw und ist froh über die Fortschritte.

Große Aufmerksamkeit weckt ein schwarzer Volvo 264 TE, der durch die angebrachten Wimpel als ehemalige DDR-Staatskarosse zu erkennen ist. Emotional jedoch reagieren Besucher auf die Modelle, die sie selbst besessen haben und die zu Episoden aus dem eigenen Leben gehören. Gerade die Autos der 1970er- und 1980er-Baujahre sind Auslöser für Unterhaltungen, die oft mit diesem einen Satz beginnen: »Weißt du noch …?«

Einige der ausgestellten Exponate sind Spezialfahrzeuge, andere spiegeln Eisenbahngeschichte. Riesige Lokomotiven ebenso wie verschiedene Feuerwehreinsatzwagen sorgen für glänzende Augen bei den jungen Gästen, die mit Eltern oder Großeltern gemeinsam das Oldtimer Museum durchstreifen.

An Militärgeschichte Interessierte erwartet mit dem Kombiticket eine preiswerte Möglichkeit, neben dem Oldtimer Museum das nahe NVA-Museum zu besuchen.

Seebrücke Sellin
Seebrücke 1
18586 Ostseebad Sellin
038303 929600
www.seebrueckesellin.de

Buslinie 25 bis Halt Seebrücke

52 Die Himmelsleiter hinab
Seebrücke

Sie ist das architektonische Wahrzeichen und das beliebteste Fotomotiv des Ostseebades Sellin: die mit 394 Metern längste und wohl schönste Seebrücke Rügens. Durch ihre außergewöhnliche Lage am Steilufer bietet sie einen überwältigenden Anblick. Viele Stufen führen hinunter von der Wilhelmstraße oberhalb des Strandes. Besucher können entweder diese Treppe mit dem passenden Namen »Himmelsleiter« hinabsteigen oder bequem den Aufzug nutzen, der sich unmittelbar daneben befindet.

Die Aufbauten sind im Stil der Bäderarchitektur gehalten und beherbergen ein Restaurant. Im Kaiserpavillon oder im Palmengarten können Gäste sich im Jugendstilambiente kulinarisch mit herzhaften oder süßen Köstlichkeiten verwöhnen lassen. Bei Sonnenschein und sommerlichen Temperaturen sind die Plätze auf der großen Außenterrasse heiß begehrt. Gemütlich im Strandkorb bei einem Cocktail oder einer Tasse Kaffee sitzen und dabei die Aussicht aufs Meer oder auf das Hochufer Sellins genießen – was kann schöner sein?

Seebrücken dienen von jeher als Pier, auf dem die Fahrgäste trockenen Fußes von Bord an Land kommen können. So legen auch am Kopf des Selliner Exemplars in den Sommermonaten Schiffe an, die Ausflügler zu den umliegenden Seebädern der Insel, zur berühmten Rügener Kreideküste oder nach Usedom bringen.

Möchten Sie gerne einmal trockenen Fußes die Unterwasserwelt der Ostsee besuchen? Am Ende der Brücke führt eine Tauchgondel in die Tiefe des Meeres. Seekrankheit müssen die Gäste nicht befürchten, da die Gondel an einem Pfeiler ruhig absinkt und wieder aufsteigt.

Alljährlich feiert Sellin Ende Juli das Seebrückenfest. Auf einer großen Bühne am Strand treten beliebte Künstler auf. Gästen aller Altersgruppen wird ein buntes Programm geboten.

Wilhelmstraße
18586 Sellin
www.ostseebad-sellin.de

Parkplatz
Granitzer Straße
18586 Sellin

Buslinie 25 bis Halt Seebrücke

53 Das Projekt des Fürsten

Bäderarchitektur in der Wilhelmstraße

Das Grün der Linden harmoniert wundervoll mit dem Weiß der verspielten Häuserfassaden. Die Flaniermeile Sellins präsentiert sich als Paradebeispiel der herrschaftlichen Bäderarchitektur. Die meisten Villen wurden gegen Ende des 19. Jahrhunderts auf Geheiß des Fürsten zu Putbus errichtet, der Sellin zu einem Ostseebad ausbauen wollte.

An die strahlend weißen Fassaden schmiegen sich zauberhafte Holzbalkone oder Veranden mit aufwendigen Ornamenten. Auch die neuen Häuser greifen diesen Baustil auf und fügen sich auf diese Weise harmonisch in das Straßenbild ein. Das gesamte Ensemble des Prachtboulevards ist einzigartig und weit über die Insel hinaus bekannt.

Der Charme der Wilhelminischen Zeit verbindet sich an diesem Ort mit den Annehmlichkeiten der modernen Gegenwart. Heute beherbergen die Villen mit klangvollen Namen wie Theres, Celia oder Louisa meist hochwertige Ferienwohnungen. Deren Gäste erleben die Flaniermeile mit zahlreichen Cafés, Restaurants und Geschäften direkt vor ihrer Tür.

Die Wilhelmstraße läuft sanft ansteigend direkt auf die schönste Seebrücke Rügens am Selliner Hochufer zu, das zudem von einem breiten feinsandigen Strand gesäumt ist. Von der Fußgängerzone oberhalb des Hauptstrandes führt eine steile Treppe zur Seebrücke und zur Küstenlinie hinunter, die sogenannte »Himmelsleiter«. Ein Aufzug, der sich direkt neben der Treppe befindet, führt alternativ bequem und barrierefrei direkt ans Meer.

Autofahrer können direkt an der Wilhelmstraße einige kostenpflichtige Parkmöglichkeiten oder einen Parkplatz in der Granitzer Straße nutzen.

Schulmuseum Middelhagen
(Mai–Oktober)
Dorfstraße 23
18586 Ostseebad
Mönchgut
038308 2478

Hotel & Landgasthof Zur Linde
Dorfstraße 20
18586 Ostseebad
Mönchgut
038308 5540
www.zur-linde-ruegen.de

Buslinie 21 bis Halt Middelhagen, 300 m Fußweg

54 Wie in vergangenen Zeiten

Historisches Schulmuseum Middelhagen

Noch einmal Kind sein – wie wäre das wohl? Die meisten Menschen haben vermutlich ihre Schulzeit noch gut vor Augen: Begebenheiten und Erlebnisse mit Freunden und Mitschülern, beliebte und weniger beliebte Lehrer, gute oder weniger gute Leistungen. Solche Erinnerungen sind eine Generationenfrage.

Unser Schulalltag von damals würde Kindern heutzutage vermutlich wunderlich vorkommen, schließlich hat die Zeit eine Weiterentwicklung mit sich gebracht. Den damals unerlässlichen Overheadprojektor hat der Beamer ersetzt, die Tafel wurde um das Whiteboard ergänzt, Plattenspieler oder Kassettenrekorder aus dem Musikunterricht sind längst Geschichte. Ähnlich geht es uns, wenn wir noch weiter zurückschauen in die Geschichte des Lehrens.

Ein Fenster in die Bildung unserer Vorfahren, in eine Einklassenschule im 19. und beginnenden 20. Jahrhundert, öffnet das Museum in Middelhagen. Es präsentiert eine Zeit, als der Lehrer zum Start des Unterrichts noch das frische Taschentuch und die sauberen Fingernägel der Schüler kontrollierte. Das Schreibzeug bestand damals aus Griffel und Schiefertafel, Tintenfass und Feder. Die hölzernen Sitzpulte erscheinen uns heute so unbequem, wie sie vermutlich damals auch waren. Wie mag es wohl gewesen sein, als in diesem kleinen Raum ein einziger Lehrer Schützlinge unterschiedlicher Altersgruppen unterrichtete?

Nach Voranmeldung können Gäste an einer historischen Schulstunde teilnehmen und mit einem Augenzwinkern in den Unterricht der Vergangenheit eintauchen. Ob sie wohl im Anschluss ein Zeugnis erhalten?

Kehren Sie nach Ihrem Besuch im Schulmuseum Middelhagen auf eine Erfrischung im nahe gelegenen Landgasthof Zur Linde ein, der ursprünglich als Dorfkrug erbaut wurde.

MS Julchen im Hafen Lauterbach
(März–Oktober)
Hafenstraße
18581 Putbus
038301 61896
www.vilm-exkursion.de

Bahnhof Lauterbach Mole
Rügensche Bäderbahn
18581 Putbus
038301 884014
www.ruegensche-baederbahn.de

Buslinie 30 bis Halt Lauterbach Hafen

55 Ausflug zur verbotenen Insel

Schiffsausflug zur Insel Vilm

Die Insel Vilm weist eine Fläche von nicht einmal einem Quadratkilometer auf. Ein kleines Naturparadies, in dem uralte Eichen, Buchen, Ulmen und Bergahorn einen beeindruckenden Wald bilden. Da er seit fast 500 Jahren nicht bewirtschaftet worden ist, können wir heute eine nahezu natürliche, urwaldähnliche Vegetation erleben.

An ihrer geringen Größe liegt es jedoch nicht, dass die Insel vielen Gästen Rügens weitgehend unbekannt ist, ebenso wenig an ihrer Lage drei Kilometer vor der Südküste im Greifswalder Bodden. Über Jahrzehnte war Vilm als Feriendomizil der DDR-Regierung nicht für die Allgemeinheit zugänglich. Es heißt, auf den Landkarten der DDR soll das Eiland nicht eingezeichnet worden sein. Dieser Umstand trug dazu bei, dass die Natur während dieser Zeit weitgehend unberührt blieb.

Seit 1990 gehört das Gebiet zu einer der Kernzonen des Biosphärenreservates Südost-Rügen, und ein Teil der Insel darf im Rahmen geführter Exkursionen betreten werden. Die Anzahl der Teilnehmer ist auf maximal 60 Personen pro Tag begrenzt, um dem Naturschutz Rechnung zu tragen. Haustiere dürfen nicht mitgenommen werden.

Das Schiff Julchen der Reederei Lenz bringt pro Tour bis zu 30 Ausflügler vom Hafen Lauterbach nach Vilm. Eine vorherige Anmeldung über die betriebseigene Webseite ist erforderlich, die Termine sind oft ausgebucht. Die Überfahrt dauert nur circa fünfzehn Minuten. Während der insgesamt dreistündigen Exkursion führt der Weg über den sogenannten großen Vilm, einen Bereich im Norden der Insel. Der unbefestigte Wanderpfad mit Wurzeln, Steinen und auch sumpfigen Abschnitten verlangt unbedingt geeignetes Schuhwerk.

Von Mai bis Oktober können Sie mit der Rügenschen Bäderbahn, dem Rasenden Roland, den Hafen Lauterbach erreichen. Vom Bahnhof Lauterbach Mole liegt die Anlegestelle des Schiffes nur wenige Gehminuten entfernt.

Restaurant Nautilus
Neukamp 17
18581 Putbus
038301 830
www.ruegen-nautilus.de

Schlosspark zu Putbus
Alleestraße 34
18581 Putbus
www.ruegen-putbus.de/
schlosspark-zu-putbus

Bahnhof Putbus,
4 km Wanderung oder
Fahrradtour

56 Zu Gast bei Kapitän Nemo

Restaurant Nautilus

Das Ambiente weckt Erinnerungen an die eigene Kindheit oder Jugendzeit. Jules Vernes Geschichten über die abenteuerlichen Reisen des Kapitän Nemo durch die Weltmeere begeisterten damals als Buch oder Film wohl die meisten von uns. Das Restaurant in Neukamp auf der Insel Rügen trägt nicht nur den Namen des geheimnisumwitterten fiktiven U-Bootes, auch das gesamte Interieur orientiert sich an Jules Vernes' Nautilus.

Die einzelnen Bereiche des Gastraums bilden den Ruder- und Maschinenraum, die Kapitänsmesse und sogar Nemos indisches Dorf nach. Die Wände wirken durch die genieteten Wandverkleidungen wie die Außenhaut eines Unterseebootes. Wir schauen durch Bullaugen, als befänden wir uns auf Tauchgang 20.000 Meilen unter dem Meer. In einem großen Aquarium direkt neben dem Eingangsbereich tummeln sich farbenfrohe Fische. Rustikale Rohre und Ventile, ein alter Taucheranzug und rätselhafte Apparaturen sorgen für ein einzigartiges Ambiente, das authentisch wirkt. Vermutlich wäre niemand verwundert, käme tatsächlich Jules Vernes U-Boot-Kommandant durch eine der Türen.

Bei kulinarischen Köstlichkeiten aus dem Meer oder Gerichten der gutbürgerlichen Küche fühlen wir uns zurückversetzt in die Zeit, als wir erstmals, vollkommen von der Spannung vereinnahmt, die Abenteuer um Kapitän Nemo verfolgten. Die einzigartige Erlebnisgastronomie im Putbuser Ortsteil Neukamp ist Teil eines Gesamtkonzeptes *Urlaub im U-Boot* aus Hotel, Ferienwohnungen und Restaurant im Südosten Rügens mit Blick auf den Rügischen Bodden und die einstmals verbotene Insel Vilm.

Verbinden Sie den Besuch im Restaurant Nautilus mit einem Spaziergang durch den über 300 Jahre alten Schlosspark zu Putbus.

Alte Pommernkate
Hauptstraße 2a
18573 Rambin
038306 62630
www.altepommernkate.de

Buslinie 41 bis Halt Rambin, 300 m Fußweg

57 So schmeckt Rügen

Alte Pommernkate

Den Charme eines Ortes machen nicht nur dessen Sehenswürdigkeiten aus. Das geflügelte Wort »Liebe geht durch den Magen« trifft wohl auch auf Städte oder Regionen zu – nicht von ungefähr erfreuen sich lokale Spezialitäten insbesondere im Urlaub großer Beliebtheit. Das Fischbrötchen, direkt auf der Strandpromenade oder im Hafen gegessen, ist ein besonderer Genuss. Natürlich muss das Bier der örtlichen Brauerei ausprobiert oder der frisch gebrühte Kaffee aus der kleinen Rösterei gekostet werden.

Diesen Geschmack möchten wir häufig konservieren und mit nach Hause nehmen. So bringen wir von Reisen oder Ausflügen kulinarische Souvenirs mit. Regionale Produkte, die zwar meist auch online bestellt werden können, die jedoch, vor Ort gekauft, mit schönen Erinnerungen behaftet sind. Beim späteren Genuss ruft uns der Geschmack die schönen Momente wieder zurück.

Ein geeigneter Ort für das Stöbern nach regionalen Erzeugnissen ist die Alte Pommernkate in Rambin. Kurz bevor sie Deutschlands größte Insel über die Rügenbrücke wieder verlassen, machen viele Gäste dort einen Zwischenstopp, und auch Einheimische steuern den Bauernmarkt gerne an, in dem Produkte verschiedener Erzeuger und Manufakturen aus Vorpommern angeboten werden. Direkt an der alten Hauptstraße B96 gelegen, stehen ausreichend Parkplätze auf dem Gelände zur Verfügung.

Vor Ort können Kunden verschiedene Spezialitäten konsumieren. Wie wäre es mit Kuchen wie nach Omas Rezepten, einer Currywurst vom Hofgrill oder einem Fischbrötchen aus der hauseigenen Räucherei?

Beginnen Sie einen Tag mit dem Frühstück im Hof-Café der Pommernkate. Das reichhaltige Büfett ist bei den Gästen sehr beliebt.

Usedom

M

Peenebrücke
Hafenstraße 3
17438 Wolgast

Buslinie 272 bis Halt Wolgast Hafen, 400 m Fußweg

58 Das blaue Wunder

Peenebrücke

Nicht nur Dresden besitzt ein berühmtes »blaues Wunder«, sondern auch die Stadt Wolgast. Gemeint ist die Peenebrücke, die die Insel Usedom mit der Wolgaster Schlossinsel verbindet. Über die mit blauer Farbe angestrichene Waagebalkenklappbrücke führt eine von den zwei existierenden Straßen nach Usedom.

Die aktuelle Überquerung stammt aus den 1990er-Jahren. Die vorherige konnte der Belastung nicht länger standhalten, nachdem sie nahezu 40 Jahre lang ihre Funktion als Nordverbindung zur Insel erfüllte. Bei einer Länge von mehr als 250 Metern ist die Strecke über den Peenestrom in fünf Brückenfelder unterteilt, von denen eines für Schiffspassagen klappbar ist. Sie besitzt neben der Autofahrbahn auch ein Eisenbahngleis sowie einen Fuß- und Radweg.

Ist das »blaue Wunder« vor Usedom aufgrund seiner Dimensionen und Bauweise an sich schon sehenswert, zieht ein besonderes Spektakel mehrfach täglich etliche Zuschauer in den Bann: Bei den regelmäßigen Öffnungen für die Schiffe auf dem Peenestrom erfolgt eine Brückensperrung von jeweils 30 Minuten.

In diesem Zeitraum hebt sich die Klappbrücke langsam an, bis sie schließlich senkrecht in die Höhe ragt. Anschließend senkt sie sich zurück, um den Straßen- und Gleisverkehr wieder freizugeben. Für die Autofahrer führt dieser Vorgang zu Verzögerungen und leider insbesondere in der Hauptsaison zu unangenehmen Staus. Dem Publikum wiederum bietet sich ein faszinierendes Schauspiel verfolgt. Eine uneingeschränkt gute Sicht auf die Peenebrücke bietet sich vom Hafenbereich. Bequeme Bänke laden auf der Promenade am Peenestrom zum Verweilen ein.

Informieren Sie sich vor Anreise über die Öffnungszeiten der Brücke.

Die Welt steht Kopf
Wiesenweg 2c
17449 Trassenheide
038371 26344
www.weltstehtkopf.de

Piraten der Ostsee
Wiesenweg 1
17449 Trassenheide
www.piraten-der-ostsee.de

Regionalbahn oder Buslinie 272 bis Halt Bahnhof Trassenheide, 400 m Fußweg

59 Einmal an die Decke gehen

Die Welt steht Kopf

Was ist denn dort passiert? Am Trassenheider Wiesenweg ragt über die grundstücksbegrenzende Hecke ein hellblaues Gebäude gen Himmel. Es mutet auf den ersten Blick ein wenig skurril an. Als wäre das Einfamilienhaus einfach umgekippt, scheint das Dach im Erdreich zu stecken und die Eingangstür in luftiger Höhe zu hängen.

Wer erleben möchte, wie die Welt ringsum im wahrsten Sinne des Wortes Kopf steht, der sollte unbedingt einen Besuch des ungewöhnlichen Baus wagen. Als Ausflugsziel ist er insbesondere bei Familien mit Kindern beliebt, die im Inneren auf abenteuerliche Entdeckungstour gehen können. An die umgekehrte Perspektive haben sich Auge und Gleichgewichtssinn alsbald gewöhnt und die Erkundung kann beginnen. Die einzelnen Räume sind normal eingerichtet, aber was ist eigentlich normal? Tische, Stühle und Schränke – alle Einrichtungsgegenstände und sogar die Dekoration scheinen über den Köpfen der Besucher zu schweben. Wohnzimmer, Kinderzimmer, Küche und Bad laden dazu ein, lustige Erinnerungsfotos zu machen. Werden die Bilder später um 180 Grad gedreht, zeigen sie die Menschen scheinbar an der Zimmerdecke klebend.

Für Gäste, denen angesichts der verdrehten Perspektive im Inneren des Hauses nicht wohl ist, hält auch der Außenbereich interessante Exponate bereit. In einem Miniaturenpark kann eine Auswahl bekannter und bemerkenswerter Leuchttürme der deutschen Ostseeküste besichtigt werden. Detailgetreu im Maßstab 1:20 stehen dort der rote Leuchtturm Greifswalder Oie, der Warnemünder Leuchtturm und viele weitere Modelle. Die Ausstellung zeigt, wie vielfältig ihre Bauweisen sind.

Nur wenige Schritte entfernt erwartet die Minigolfanlage *Piraten der Ostsee* mit 18 fantasievoll gestalteten Bahnen Spieler aller Altersgruppen.

Schmetterlingsfarm
(Februar–Oktober)
Wiesenweg 5
17449 Trassenheide
038371 28218
www.
schmetterlingsfarm.de

Regionalbahn oder Buslinie 272 bis Halt Bahnhof Trassenheide, 160 m Fußweg

60 Bei den fliegenden Edelsteinen
Schmetterlingsfarm

Eine große Faszination üben die Himmelsfalter mit ihren leuchtend blauen Flügeln aus. Kaum zu glauben, dass diese schillernde Pracht nur ein optischer Trick ist. Die Färbung entsteht nicht durch blaue Pigmente. Vielmehr erzeugen lichtbrechende Strukturen der Schuppen auf den Flügeln diese Illusion durch Überlagerungen der Lichtwellen. Doch eigentlich möchten wir das gar nicht so genau wissen, sondern den Anblick der sogenannten »fliegenden Edelsteine« schlicht genießen. Wo geht das besser als auf einer Schmetterlingsfarm?

In einer großen Halle in Trassenheide flattern bis zu 2.000 farbenfrohe Schmetterlinge durch üppiges Grün. Die exotischen Pflanzen bilden den passenden Rahmen für die eigentlich in Südamerika, Afrika und Asien beheimateten Insekten, die immer wieder die Blüten ansteuern und den köstlichen Nektar genießen. Natürlich ist das nicht ausreichend, zusätzlich befinden sich überall in dem tropischen Garten Futterstellen. Aber nicht nur die Schmetterlinge naschen von den Pflanzen. Das Grün dient auch Raupen als Nahrung, und daher sehen einige Blätter regelrecht angeknabbert aus. Wenn ein Falter regungslos in den Pflanzen sitzt, dann handelt es sich möglicherweise um eine nachtaktive Art.

Ein Schauspiel, das in freier Natur nicht oft beobachtet werden kann, ist die Metamorphose eines Schmetterlings. Bei einem Blick in die *Puppenstube* ist genau dies mit ein wenig Glück und viel Geduld möglich. Dort hängen an Seilen kopfüber die Puppen, aus denen später junge Falter schlüpfen. Hat er sich aus der umgebenden Hülle befreit, dauert es noch einige Zeit, bis seine Flügel ausgehärtet sind. Erst dann kann der Schmetterling fliegen.

Wenn Sie im Schmetterlingspark mit seinem feucht-warmen Klima fotografieren möchten, dann lassen Sie zunächst das Objektiv eine halbe Stunde akklimatisieren, damit es nicht mehr beschlägt.

Ostsee-Lift-Café
Neue Strandstraße 30a
17454 Ostseebad
Zinnowitz
038377 37336
www.ostsee-lift-cafe.de

Buslinie 273 bis Halt Kurverwaltung, 100 m Fußweg

61 Genussvolle Aussicht

Ostsee-Lift-Café

Eingebaut in die Ecke eines Hauses, fällt die ausgefallene Form des runden Cafés direkt ins Auge. Die Fassade erinnert an die Tauchgondeln, mit denen man in einigen Ostseebädern in die Unterwasserwelt des Meeres hinabgleiten kann. Auch in Zinnowitz befindet sich am Ende der 315 Meter langen Vineta-Brücke solch eine Vorrichtung. Doch in der runden Kuppel in der Neuen Strandstraße geht es statt tief hinunter hoch hinauf.

Jeweils zur vollen Stunde können Gäste in dem beweglichen Café Platz nehmen. Während sie eine gemütliche Auszeit mit Kaffee und Kuchen oder anderen kleinen Köstlichkeiten genießen, hebt sich die Gondel langsam in die Höhe und befördert das gesamte Café auf insgesamt 25 Meter über den Meeresspiegel. Wie ein überdimensionaler Pilz ragt das ausgefahrene Lokal über die Dächer an der Promenade. Die umlaufende Fensterfront ermöglicht einen wundervollen Panoramablick auf das Meer, die Zinnowitzer Seebrücke und beinahe das gesamte Ostseebad. Bei entsprechenden Wetterverhältnissen reicht die Aussicht bis zur Greifswalder Oie.

Der kleine Ausflug in Richtung Himmel ist bei den Besuchern auf Usedom sehr beliebt und kann im Voraus telefonisch reserviert werden. Alternativ können Gäste auf der großen Balkon-Terrasse Platz nehmen und das Treiben auf der Zinnowitzer Promenade beobachten.

Falls das Ostsee-Lift-Café einmal nicht der Öffentlichkeit zugänglich ist, könnte dieser Umstand an einer besonderen Nutzung der Örtlichkeit liegen: Dort, 25 Meter über dem Meeresspiegel, führt das lokale Standesamt Trauungen durch.

Unternehmen Sie nach dem Café-Besuch einen Spaziergang an der Zinnowitzer Strandpromenade und bewundern Sie die Bäderarchitektur entlang der Küste.

Seebrücke Koserow
Am Strande
17459 Seebad Koserow
www.ostsee.de/insel-usedom/seebruecke-koserow.html

Buslinie 283 bis Halt Bahnhofstraße, 1,5 km Fußweg

62 Wo die Vineta-Glocken läuten

Seebrücke

Nur ein Sonntagskind kann am Ostersonntag die Stadt aus dem Meer aufsteigen sehen und sie durch einen Kauf von ihrem Fluch erlösen. An die Sage von der versunkenen Stadt Vineta, die aufgrund des Hochmuts und der Verschwendungssucht ihrer Bewohner untergegangen sein soll, knüpft die Gestaltung der neuen Koserower Seebrücke an.

Wellenförmig schwingt sie sich elegant vom Vorplatz über den Strand und den flachen Uferbereich bis hin zum Seebrückenkopf mit einem Glockenturm. Dort läuten die zwei Vineta-Glocken jeweils mittwochs um 16 Uhr, zusätzlich wird die Sage des versunkenen Atlantis des Nordens abgespielt. Die Brücke lädt zum Flanieren ein und ermöglicht an verschiedenen Stellen wundervolle Ausblicke auf das Meer und den langen Sandstrand. Auf die Besucher warten viele unterschiedliche Sitzgelegenheiten, und eine mobile Bar offeriert nicht nur im Sommer erfrischende Getränke.

Besonders begehrt sind die Plätze auf der Seebrücke an lauen Abenden, wenn die Sonne vor Koserow in der Ostsee versinkt und ein spektakuläres Schauspiel bietet. Nach Beginn der Abenddämmerung verleiht indirekte Beleuchtung dem Bauwerk einen besonderen Glanz und macht die Brücke zu einem begehrten Fotomotiv.

Die Vorgänger der im Jahr 2021 feierlich eingeweihten Flaniermeile über dem Meer konnten allesamt Sturm und Wellengang nicht dauerhaft trotzen und mussten über kurz oder lang abgerissen werden. Die Konstrukteure haben daher die neue Brücke in einer Höhe von fünf Metern über der Wasseroberfläche auf 67 stabile Pfeiler gestellt, damit sie den rauen Wetterbedingungen standhält.

Alljährlich Anfang Juli feiern die Koserower ein mehrtägiges Seebrückenfest mit einem historischen Umzug, vielen Marktständen und Unterhaltung für Besucher aller Altersgruppen.

Koserower Salzhütte
Am Strande 1
17459 Seebad Koserow
038375 20680
www.koserower-salzhuette.de

Koserower Heringsfest
Seebrücke Koserow
17459 Seebad Koserow

Buslinie 283 bis Halt Bahnhofstraße, 1,5 km Fußweg

63 Usedomer Fischtüften wie bei Oma

Koserower Salzhütten

Ein verführerischer Duft nach frisch geräuchertem Fisch steigt uns beim Strandspaziergang in Koserow in die Nase. Er kommt aus Richtung der mit Schilfrohr gedeckten Hütten direkt neben der außergewöhnlichen Seebrücke des Ortes.

Die Koserower Salzhütten dienten ab Anfang des 19. Jahrhunderts zur Lagerung von Steinsalz, das auf Erlass des preußischen Königs Friedrich Wilhelm III. den Fischern vom Staat steuerfrei zur Verfügung gestellt wurde. Mit diesem Salz pökelten sie während der Heringssaison ihren Fang zur Konservierung ein und lagerten die Tonnen anschließend ebenfalls in den Hütten bis zum Weiterverkauf. Sturmfluten in der zweiten Hälfte des 19. Jahrhunderts zerstörten die ursprünglichen Salzhütten nahezu vollständig. Sie wurden wieder aufgebaut und dienten in der Folge den Fischern als Arbeitsraum und Lagerstätte für ihr Zubehör.

Mit dem Rückgang des Fischfangs als Haupteinnahmequelle verloren auch die ehemaligen Salzhütten an Bedeutung. Nur 15 der pittoresken Gebäude sind heute noch erhalten und liebevoll restauriert. Sie stehen unter Denkmalschutz und warten am Strand von Koserow auf Besucher. Sie beherbergen ein kleines Museum, einen Imbiss, Souvenirläden und ein gemütliches Fischrestaurant gleichen Namens mit eigener Räucherei. Zu Kaiserzeiten kamen meist Pellkartoffeln mit Hering auf den Tisch, und auch heute stehen die allzeit beliebten Fischtüften (»Tüften« auf Plattdeutsch: »Kartoffeln«) aus Großmutters Zeiten auf der Speisekarte der Koserower Salzhütte. Zudem wird eine reichhaltige Auswahl verschiedener fangfrischer Fische aus der Ostsee serviert. Wer nicht einkehren mag, entscheidet sich für den typischen Küstensnack – das Fischbrötchen auf die Hand.

Im Frühjahr feiern die Koserower mit ihren Gästen auf dem Seebrückenvorplatz das Koserower Heringsfest, bei dem sich alles um das Silber des Meeres dreht.

Strandpromenade
17429 Seebad Bansin
www.bansin.m-vp.de

Café Asgard
Strandpromenade 15
17429 Seebad Bansin
038378 29488
www.asgard-cafe.de

Buslinie 290 bis Halt Bansin Strandpromenade

64 Flair der Kaiserzeit
Strandpromenade

Die frische Salzluft weht uns um die Nase. Wir spazieren auf der Promenade, parallel zum weißen Sandstrand, vorüber an prachtvollen Villen im Stil der Bäderarchitektur. Die ehemaligen Sommerresidenzen von Adel und gesellschaftlicher Oberschicht aus der Zeit der Wende vom 19. zum 20. Jahrhundert sind heute detailgetreu saniert.

Seebad Bansin

Bansin wurde als jüngstes der drei Kaiserbäder im Jahr 1897 gegründet. Der Ort erhielt Anfang des 20. Jahrhunderts eine Bahnverbindung nach Berlin und 1923 als erstes deutsches Seebad die »Freibade-Erlaubnis«. Gäste durften ab diesem Zeitpunkt ungezwungen über den Strand schlendern und ins Nass der Ostsee springen.

Bis dahin musste man sich hölzerner Karren bedienen, um diskret ein erfrischendes Bad zu nehmen. Schicklich bekleidet stiegen Frauen und Männer an Land in die mobilen Umkleidekabinen, die anschließend von Pferden ins Meer gezogen wurden. Erst dann konnten die Menschen unbeobachtet in Badebekleidung ins Wasser steigen.

Noch heute erinnern historische Umkleidewagen auf dem Konzertplatz neben dem Musikpavillon an diese Zeit. In der Konzertmuschel finden vor allem in der Hauptsaison regelmäßig kostenlose Konzerte oder Unterhaltungsveranstaltungen statt, bei denen die Badekarren als Garderobe für die Künstler dienen.

Die feinen, reich verzierten Residenzen von einst beherbergen heute Hotels oder Ferienwohnungen. Eine aus roten Ziegelsteinen gemauerte Säule auf der Strandpromenade trägt eine Straßenuhr und eine Wetterfahne. Beim näheren Hinschauen entdecken wir eine in die Säule eingebaute digitale Wetterstation.

Nur wenige Meter vom Musikpavillon entfernt liegt das Café Asgard. Im Jahr 1898 eröffnet, ist es das älteste Café der Insel Usedom.

GOSCH Bansin im Beachhouse
Strandpromenade 22
17429 Seebad Bansin
038378 808866
www.gosch.de

Tropenzoo Bansin
Goethestraße 10
17429 Seebad Bansin
038378 472080
www.tropenzoo-bansin.de

Buslinie 290 bis Halt Bansin Strandpromenade

65 Maritim schlemmen

Gosch Bansin im Beachhouse

Mit dem Namen Gosch verbinden wir frische Meeresfrüchte und Fischgenuss – und für viele gehören das köstliche Fischfilet, Muscheln, Garnelen oder Hummer unbedingt zu einem Urlaub am Meer.

Die Sylter Restaurantkette bietet maritime Spezialitäten, legere Atmosphäre und Insel-Flair und erfreut sich mit diesem Konzept mittlerweile weit über das heimische Eiland hinaus großer Beliebtheit. Auch an der Ostsee steht Gosch für authentische Fischspeisen und Gerichte mit Meeresfrüchten.

Seit 2019 empfängt das Lokal Gäste in bester Lage direkt an der Bansiner Strandpromenade. Die Kunden im *Beachhouse* bestellen direkt an dem langen Tresen, der die offene Küche vom Gastraum abgrenzt. Mit einem kleinen Signalgeber ausgestattet, nehmen sie im Inneren oder im Außenbereich des Restaurants Platz. Sobald das georderte Essen fertig zubereitet ist, erwacht das Gerät aus seinem Ruhezustand: Ein Summen und ein rotes Licht verkünden, dass die Speisen abholbereit am Tresen stehen.

Bei warmen Temperaturen und Sonnenschein bevorzugen die meisten Gäste einen Platz auf der schönen Terrasse. In maritimer Atmosphäre lässt sich bei einem Aperitif oder einer Tasse Kaffee gemütlich entspannen und das Treiben auf der Flaniermeile beobachten.

Den Klassiker für unterwegs können Gäste natürlich auch auf die Hand bestellen. Das Fischbrötchen kommt bei *Gosch* mit unterschiedlichem Belag daher, sodass sich für jeden (Fisch-)Geschmack etwas findet.

Besuchen Sie den Tropenzoo Bansin und bestaunen Sie dort auf 1.550 Quadratmetern circa 150 Tiere 70 verschiedener Arten und viele exotische Pflanzen.

Lutter & Wegner Heringsdorf
Kulmstraße 3
17424 Seebad Heringsdorf
38378 22125
www.lutterundwegner-heringsdorfusedom.de

Buslinien 281, 290, 291 bis Halt Heringsdorf Seebrücke, 300 m Fußweg

66 Im Glanz des preußischen Berlins

Restaurant Lutter & Wegner

Das Stammhaus *Lutter & Wegner* kennen viele Gäste bereits aus Berlin, und so wundert es nicht, dass die Usedomer Dependance sich ebenfalls großer Beliebtheit erfreut. Das gleiche urige Ambiente wie am Berliner Gendarmenmarkt empfängt die Besucher auch in der Heringsdorfer Kulmstraße.

Schlichte Holzregale präsentieren eine umfangreiche Weinauswahl und dienen gleichzeitig als Dekoration für den gemütlichen kleinen Gastraum mit den typischen Bistrostühlen aus Holz und Leder. Dieses Ambiente spiegelt wundervoll die mehr als 200-jährige Geschichte von *Lutter & Wegner* wider, dessen Gründung als Berliner Weinhandlung auf das Jahr 1811 zurückgeht. Damals eröffneten die Kaufleute Johann Christoph Lutter und August Friedrich Wegener das Lokal in der Charlottenstraße mitten in Berlin und avancierten Mitte des 19. Jahrhunderts zum königlichen Hoflieferanten. Im *Lutter & Wegner* trafen sich preußischer Adel, Schriftsteller, Regisseure und Schauspieler, das Berliner Lokal wurde Schauplatz der Oper *Hoffmanns Erzählungen* von Jacques Offenbach.

Die gehobene gutbürgerliche Küche des Restaurants im Zentrum von Heringsdorf offeriert heute vor allem Köstlichkeiten aus Österreich, aber auch maritime Spezialitäten. Neben Klassikern wie Wiener Kalbsschnitzel mit Kartoffel-Gurken-Salat wartet die Speisekarte mit Meeresfrüchten auf. Daneben gibt die Küche regelmäßig wechselnde Empfehlungen für saisonale Gerichte. Bei gutem Wetter können sich die Gäste zwischen einem Platz im gemütlichen Innenraum und einem der einladend eingedeckten Tische auf der Außenterrasse entscheiden.

Nach dem Hauptgericht darf es vielleicht noch ein Dessert sein – mein Tipp: Teilen Sie sich einen Kaiserschmarrn mit Zwetschgenröster und Vanilleeis zu zweit, die Portion ist sehr üppig.

Korbwerk Usedom
Waldbühnenweg 2a
17424 Seebad
Heringsdorf
038378 465050
www.korbwerk.de

Bahnhof Herings-dorf, 250 m Fußweg

Die Tradition des Standkorbs

Manufaktur und Museum Korbwerk Usedom

Strandkörbe sind von unseren norddeutschen Küsten nicht mehr wegzudenken. Sie bieten entspannte Stunden am Meer, Schutz vor Sonne und Wind und dabei ein Stück Privatsphäre. Vielleicht lesen Sie dabei ein Buch oder bleiben in Gedanken versunken, genießen die frische Brise und den Meerblick. Kurzum, der Strandkorb macht einen Aufenthalt an der See für uns recht komfortabel. So komfortabel, dass der Dichter Thomas Mann der Überlieferung zufolge in einem Strandkorb sitzend einen seiner Romane schrieb. Überhaupt war der berühmte Dichter ein großer Fan des »eigentümlich bergenden Sitzhäuschens mit schützenden Seitenwänden«, wie er es mit eigenen Worten beschrieb.

Ein Warnemünder Korbmachermeister soll das erste Exemplar dieses außergewöhnlichen Möbels für eine ältere Dame angefertigt haben, die an Rheuma litt und nach einer bequemen Sitzgelegenheit für den Strand suchte. Seinen Siegeszug schließlich verdankt der Strandkorb der Ehefrau des Korbmachermeisters, die das wirtschaftliche Potenzial erkannte und 1883 die erste Strandkorbvermietung an der Warnemünder Küste eröffnete.

Wer gerne einmal wissen möchte, wie ein Strandkorb entsteht oder gar mit einem eigenen Exemplar den heimischen Garten schmücken möchte, dem sei eine Werksführung beim traditionsreichen Usedomer Hersteller Korbwerk empfohlen. Im hauseigenen Museum können Besucher außerdem in *Die wunderbare Welt des Badens* eintauchen und Interessantes zum Anschauen und Mitmachen rund um die Geschichte des Strandkorbs und die Badekultur vergangener Jahrhunderte erleben.

Ein fantastisches Fotomotiv ist der XXL-Strandkorb direkt neben der Heringsdorfer Seebrücke. Dieses außergewöhnliche Exemplar stammt ebenfalls aus der Manufaktur Korbwerk.

Baumwipfelpfad Usedom
Am Bahnhof 12
17424 Seebad Heringsdorf
038378 48820
www.baumwipfelpfade.de/usedom

Bahnhof Heringsdorf, 400 m Fußweg

68 Hoch oben im Blätterdach

Baumwipfelpfad Usedom

Einmal die Perspektive wechseln und in das Reich der Baumkronen hinaufsteigen, dort entlangspazieren, wo sonst nur Eichhörnchen, Specht und andere Waldbewohner zu Hause sind – das ist auf dem Baumwipfelpfad in Usedom möglich. Die beeindruckende Konstruktion führt nahe dem Bahnhof in Heringsdorf hinauf in luftige Höhe.

Der Einstieg kann komfortabel per Aufzug erfolgen. Die anschließende Steigung des Holzpfades von maximal sechs Prozent ist für den Spaziergänger kaum merklich und führt mühelos hinauf in die Wipfel der heimischen Buchen und Kiefern. Mit ein wenig Glück zeigen sich die Bewohner des Blätterdachs, auf jeden Fall aber erhalten die Besucher auf der 1.350 Meter langen Wegstrecke einmalige Einblicke in deren Lebensraum. Verschiedene Stationen regen zum Interagieren an, vermitteln Wissenswertes zur Region sowie zur heimischen Flora und Fauna.

Ein 33 Meter hoher Aussichtsturm ermöglicht einen einzigartigen Fernblick über Usedom und auf die Ostsee, zumal der Bau auf einer Erhebung errichtet wurde und sich seine Plattform damit auf einer Höhe von 75 Metern über dem Meeresspiegel befindet. Direkt zu Füßen der Gäste erstrecken sich die Kaiserbäder Bansin, Heringsdorf, Ahlbeck und auf polnischer Seite Swinemünde mit ihren kilometerlangen weißen Stränden. Bei klarer Sicht zeigt sich in der Ferne die Insel Rügen.

Für die jüngere Generation hält der Baumwipfelpfad Usedom verschiedene Erlebnisstationen und Mitmachstationen bereit. Netz- und Schwingelemente laden Kinder zum Bewegen und Klettern ein, und zwar auf einem Seitenpfad, sodass die (Groß-)Eltern bequem daran vorübergehen können.

Im Selbstbedienungsrestaurant Futterkrippe am Baumwipfelpfad Usedom erwartet die Gäste eine gute Auswahl an Snacks und Hauptgerichten.

Volkssternwarte Manfred von Ardenne
Delbrückstraße 10
17424 Seebad Heringsdorf
0171 2756948
www.sternwarte-usedom.de

Sternwarte Greifswald (Innenhof der Universität)
Domstraße 10a
17489 Greifswald
www.sternwarte-greifswald.com

Buslinien 281, 290, 291 bis Halt Heringsdorf Seebrücke, 400 m Fußweg

69 Den Sternen nah

Volkssternwarte Manfred von Ardenne

In klaren Nächten, wenn über Heringsdorf die Gestirne leuchten, dann lohnt ein Ausflug zur Sternwarte. Das aus zwei Hälften bestehende Dach kann auf Rollen zu beiden Seiten aufgeschoben werden und gibt die Sicht frei hinauf in den Himmel. Die meisten Besucher erkennen den Nordstern und den großen Wagen – aber was gibt es darüber hinaus über unseren Köpfen zu sehen? Ein Blick durch das Teleskop ermöglicht uns, weit entfernte Objekte zu beobachten, die wir mit bloßen Augen nicht erkennen können.

Wenn wir hinauf in den Nachthimmel sehen, schauen wir auch immer gleichzeitig zurück in die Vergangenheit. Das Licht der Gestirne, die wir dort oben entdecken, benötigt Zeit, um bei uns auf der Erde anzukommen, abhängig davon, wie weit der jeweilige Himmelskörper entfernt ist. Das Licht der Sonne braucht etwa acht Minuten, um die 150 Millionen Kilometer zur Erde zu überbrücken. Größere Distanzen können viele Jahre erfordern. Vielleicht ist dies einer der Gründe, weshalb wir einen klaren Sternenhimmel als romantisch empfinden.

Die Sternwarte in Heringsdorf geht auf eine Initiative des berühmten Wissenschaftlers Manfred von Ardenne zurück, der in dem Ostseebad ein Feriendomizil besaß. Selbst an Astronomie interessiert, wollte er anderen Menschen das Weltall nahebringen und Begeisterung wecken. Vielleicht hielt er einen Ort, an dem Menschen Ruhe und Erholung suchen, besonders gut für diesen Zweck geeignet. Von Ardenne stellte der Einrichtung ein Spiegelteleskop aus eigenem Besitz zur Verfügung.

Bei abendlichen Veranstaltungen in der Sternwarte können Besucher Wissenswertes über die Himmelskörper und das All erfahren und durch das Teleskop kosmische Objekte beobachten.

Eine weitere Sternwarte, die größte Mecklenburg-Vorpommerns, befindet sich auf dem Campus der Universität Greifswald, nur circa 60 Kilometer entfernt.

Ostseetherme Usedom
Lindenstraße 60
17419 Seebad Ahlbeck
038378 2730
www.ostseetherme-usedom.de

Buslinie 290, 291 bis Halt Ahlbeck Ostseetherme

70 20 Meter in die Höhe

Ostseetherme Usedom mit Aussichtsturm

Eigentlich gibt es kein schlechtes Wetter, solange man die richtige Kleidung trägt. So heißt es. Wenn an der Ostsee der Wind unablässig weht und die Sonne sich hinter den Wolken versteckt, bietet ein Strandspaziergang eine Alternative zum Bad im Meer. Oder aber wir besuchen die Ostseetherme und genießen eine Auszeit für Geist und Körper.

Mit angenehmen Wassertemperaturen erwarten uns verschiedene Becken. Nach Herzenslust können wir unsere Bahnen ziehen, ohne auszukühlen, oder im Solebecken mit Sitzbänken und Massagedüsen entspannen. Eine vielfältige Saunalandschaft lädt darüber hinaus zu einem wohltuenden Schwitzbad ein.

Natürlich richten sich die Angebote der Ostseetherme an Gäste aller Altersgruppen. Damit das Miteinander funktioniert, wurden verschiedene Bereiche eingerichtet. So können Kinder im Spieldeck toben, während für Erholungssuchende separate Ruhezonen im Badeparadies reserviert sind. Im Kurmittelhaus finden verschiedene therapeutische Anwendungen statt, deren Spanne von wohltuenden Bädern und Massagen bis hin zu Physiotherapie und Krankengymnastik reicht.

Ein besonderes Erlebnis ist der Blick vom hauseigenen Aussichtsturm. Auch unabhängig von einem Aufenthalt der Therme können Interessierte mit einem Aufzug auf die Plattform in 20 Metern Höhe gelangen oder den Aufstieg über 171 Treppenstufen auf sich nehmen. Von oben bietet sich ein beeindruckendes Panorama der Kaiserbäder und des Hinterlands der Insel. Die Ostseetherme selbst ist aus der Vogelperspektive nur an ihren markanten Oberlichtern zu erkennen, die wie kleine Glaspyramiden aus dem begrünten Dach ragen.

Fahren Sie mit dem eigenen Auto an, können Sie dies direkt vor der Therme am Ortsausgang Ahlbeck in Richtung Heringsdorf auf einem Parkplatz abstellen.

Uwes Fischerhütte
Strandpromenade 12
17419 Seebad Ahlbeck
038378 28199
www.uwes-fischerhuette.de

Buslinie 291 bis Halt Ahlbeck Kochstraße, 300 m Fußweg

71 Aus der Ostsee auf den Tisch

Uwes Fischerhütte

Von Heringsdorf kommend, erreichen wir bei einem Spaziergang auf der Strandpromenade ein sehr beliebtes Fischrestaurant, nur wenige Meter vor der Ahlbecker Seebrücke entfernt. *Uwes Fischerhütte* kann auf viele Stammgäste zählen. Einheimische und Urlauber lassen sich im Familienbetrieb gerne einen Imbiss schmecken.

Die Bezeichnung »Hütte« ist ein wenig tiefgestapelt, handelt es sich doch eher um ein rustikales Restaurant inmitten der Dünen. Der gemütliche Innenraum lädt ebenso zum Verweilen ein wie der Außenbereich mit urigen Bänken zwischen Hütte und Promenade. Auf der Speisekarte findet der Gast klassische pommersche Fischgerichte, Räucherfisch und natürlich die beliebten Fischbrötchen, die man auch auf die Hand bestellen kann.

Usedom gehört zu den wenigen Orten, an denen die traditionelle Strandfischerei noch betrieben wird. Statt von einem Hafen starten die Boote direkt von der Küstenlinie aus. Es ist ein spannendes Schauspiel, wenn ein großer Traktor den Kutter vom Ufer ins Wasser zieht – ein Anblick, den nur wenige genießen können, weil die meisten um diese Uhrzeit noch tief und fest schlafen.

Der Betreiber von *Uwes Fischerhütte* ist einer der wenigen verbliebenen Strandfischer auf der Insel. Die Jahreszahl 1830 im Logo des Restaurants verweist auf die lange Familientradition, die bereits über sechs Generationen reicht. Es gehört viel Leidenschaft für den Beruf dazu, Tag für Tag in aller Frühe aufs Meer hinauszufahren. Der Kunde kann beim Genuss des köstlichen Fischbrötchens nur erahnen, wie viel Arbeit erforderlich ist, bis der frische Fang verzehrfertig auf der Hand liegt.

Denken Sie an eine vorherige Reservierung, um den Tag in *Uwes Fischerhütte* ausklingen zu lassen. Die wenigen Plätze sind abends schnell belegt.

Seebrücke Ahlbeck
Dünenstraße 37
17419 Seebad Ahlbeck
038378 28320
www.seebruecke-ahlbeck.de

Konzertplatz Ahlbeck
Promenade 12
17419 Seebad Ahlbeck

Buslinien 290, 291 bis Ahlbeck Rathaus, 400 m Fußweg

72 Bekannt aus Film und Fernsehen

Seebrücke

Manche reiben sich verwundert die Augen, weil ihnen das elegante weiße Bauwerk über der Wasserlinie irgendwie bekannt erscheint. In verschiedenen Filmen und Fernsehsendungen diente die Ahlbecker Seebrücke bereits als Kulisse. Viele erinnern sich sicher an die Komödie *Pappa ante portas* mit den unvergessenen Loriot und Evelyn Hamann.

Extra für die Dreharbeiten zur Familienszene der Geburtstagsfeier auf der Außenterrasse erhielt das Bauwerk seinen ursprünglichen Anstrich zurück.

Die Seebrücke mit dem rot gedeckten Dach und den grün gedeckten Türmchen ist die älteste ihrer Art. Das Gebäude ist weitgehend originalgetreu erhalten und beherbergt heute wie damals ein Restaurant. Vor allem Urlauber genießen gerne die frische Seeluft bei einem Spaziergang auf dem 170 Meter langen Steg hinter dem Lokal, an dessen Ende Passagierschiffe anlegen. Einige Fahrgäste gehen dort an Bord und unternehmen Ausflüge nach Swinemünde, nach Misdroy oder Kołobrzeg. Andere Besucher genießen den Spaziergang über dem Meer und die Aussicht vom Brückenkopf auf die weite Ostsee oder landeinwärts auf die herrschaftlichen Villen im Stil der Bäderarchitektur.

Direkt vor der Brücke, an der Strandpromenade, öffnet sich ein hübsch gestalteter Vorplatz. Sitzgelegenheiten laden ein, aus dieser Perspektive die weiße Postkartenschönheit auf dem Meer zu betrachten. An manchen Tagen unterhalten Straßenkünstler die Passanten. Der Blickfang des Platzes ist neben der historischen Seebrücke eine auffällige gusseiserne Uhr aus der Epoche des Jugendstils.

Vom Seebrückenvorplatz aus in Richtung Heringsdorf ist der Konzertplatz mit der Bühne und den weißen Bänken zu sehen. Dort finden im Sommer regelmäßig Musikveranstaltungen statt.

Europapromenade
Startpunkt:
Seebrücke Ahlbeck
Dünenstraße 37
17419 Seebad Ahlbeck

Buslinien 290,
291 bis Ahlbeck Rathaus,
400 m Fußweg

73 Grenzenlos
Europapromenade

Die Strandpromenade auf der Insel Usedom, die die Kaiserbäder Bansin, Heringsdorf und Ahlbeck verbindet, führt seit dem Jahr 2011 noch 3,6 Kilometer weiter bis ins polnische Świnoujście (Swinemünde). Der Fuß- und Radweg ist mit nun insgesamt zwölf Kilometern die längste Promenade Europas.

Auf einem Teilstück möchten wir einen Spaziergang unternehmen. Beginnend an der Ahlbecker Seebrücke führt unser Weg circa drei Kilometer bis zum Punkt der ehemaligen deutsch-polnischen Grenze. Die wunderschöne Jugendstiluhr auf dem Seebrückenvorplatz markiert den Start der Wanderung. Von hier aus wenden wir uns in Richtung Osten und flanieren entlang der Strandpromenade. Am Wegesrand reihen sich prachtvolle historische Villen der Bäderarchitektur aneinander. Sie künden von längst vergangener Zeit, als beispielsweise der österreichische Kaiser Franz Joseph I. Anfang des letzen Jahrhunderts zu Gast war.

Nachdem wir die letzten Häuser Ahlbecks passiert haben, ähnelt die Flaniermeile einem gut ausgebauten Waldweg. Das Meer ist nun von Bäumen verdeckt und nur die Strandzugänge verraten, dass wir uns nach wie vor an der Küstenlinie befinden. Natürlich könnten wir auch an der Wasserkante entlanglaufen, doch die Europapromenade bietet deutlich mehr Komfort und erfordert weniger Mühe. Immer wieder gehen wir an Bänken vorüber, die zu einer Pause einladen.

Schließlich erreichen wir nach circa drei Kilometern die Stelle, an der einst die deutsch-polnische Grenze verlief. Längst gibt es dort keine Kontrollposten mehr, stattdessen erinnert ein symbolisches Tor als Denkmal an dieses Kapitel der Geschichte.

Die Promenade bietet sich auch für eine Radtour an. In den Kaiserbädern Bansin, Heringsdorf und Ahlbeck können Sie an mehreren Stationen ein Rad beziehungsweise E-Bike mieten.

Inselmühle Usedom
Bäderstraße 9
17406 Usedom
038372 769902
www.inselmuehle.de

Buslinien 101, 148, 282, 287 bis Halt Usedom Schule, 350 m Fußweg

74 Neuer Glanz in alten Mauern

Inselmühle Usedom

1991 schien die seit mehr als 100 Jahre andauernde Geschichte der Inselmühle zu enden – der Betrieb wurde eingestellt. Viele Jahre stand das historische Bauwerk leer und war dem Verfall preisgegeben. Das änderte sich erst 2017.

Das Hauptgebäude nahe der Bundesstraße 110, inzwischen aufwendig und originalgetreu saniert, erstrahlt mit seiner weißen Fassade und den roten Backsteinen wieder in alter Schönheit. Eine Manufaktur hat in den Gemäuern Einzug gehalten und die Inselmühle wieder zu neuem Leben erweckt.

Hinter der geschichtsträchtigen Fassade verbergen sich heute moderne Anlagen, mit denen regionale Ernteerträge zu köstlichen Produkten verarbeitet werden. Kalt gepresste Speiseöle beispielsweise aus Raps von den Feldern der Insel, Säfte und Aufstriche aus Obst von den nahen Plantagen eignen sich als Mitbringsel oder für den Genuss zu Hause. Die Erzeugnisse können im Laden direkt neben dem alten Mühlengebäude in einem modernen Neubau erworben werden. Für Gruppen besteht nach Voranmeldung zudem die Möglichkeit, bei einer Führung einen Einblick in die Produktion zu erhalten.

Gleich nebenan erwartet das Café Inselmühle die Gäste mit »Fixe Köök« – dieser plattdeutsche Ausdruck umschreibt Snacks der schnellen Küche. Insbesondere die umfangreiche Auswahl verschiedener Frühstücksvarianten und die im Ostseeraum obligatorischen Fischbrötchen begeistern Urlauber und Usedomer gleichermaßen.

Die Produkte der Inselmühle können Sie auch über einen Onlineshop erwerben.

Holländermühle Benz
(April–Oktober)
Mühlenweg
17429 Benz
www.muehle-benz.de

Bockwindmühle Pudagla
Am Mühlenberg 1
17429 Pudagla
www.usedom-bockwindmuehle-pudagla.de

Buslinien 281, 285 bis Halt Fritz-Behn-Straße, 300 m Fußweg

75 Markstein für Kunst und Technik

Holländermühle Benz

Die Windmühle ist stummer Zeuge zahlreicher Anekdoten vergangener Jahrzehnte. Das historische Bauwerk im beschaulichen Achterland auf Usedom hat berühmte Künstler gesehen.

Vor mehr als 100 Jahren zeichnete der bekannte Bauhausmeister Lyonel Feininger während einer seiner Usedom-Reisen die Benzer Holländerwindmühle. Die *Deutsche Film*

AG (DEFA) wählte sie als Schauplatz für die Duellszene in der Verfilmung von Theodor Fontanes Roman *Effi Briest*, und einige Jahre später erwarb der Maler Otto Niemeyer-Holstein den renovierungsbedürftigen Bau und rettete ihn vor dem drohenden Verfall.

In der Gegenwart treibt ein ehrenamtlicher Verein die Instandsetzung mit viel Engagement der Mitglieder voran und präsentiert das historische Denkmal interessierten Besuchern. Neben den Persönlichkeiten, deren Biografie mit dem geschichtsträchtigen Gebäude verknüpft ist, fasziniert auch dieses selbst als Meilenstein in der technischen Entwicklung. Während der Müller bei den bis dahin vorherrschenden Bockwindmühlen noch den gesamten Bau stets in den Wind drehen musste, beschränkte sich dieser schweißtreibende Akt bei der Holländermühle lediglich auf die drehbare Haube.

Das Backhaus auf dem Mühlenberg wurde in jüngerer Zeit erbaut, passt sich aber durch die Nutzung alter Baumaterialien hervorragend in das Ensemble ein. Ein kleines Café, das ebenfalls vom Benzer Mühlenverein betrieben wird, lädt dort während saisonaler Öffnungszeiten zur Einkehr ein.

Eine Mühle älterer Bauart steht ebenfalls auf Usedom. An ausgewählten Terminen organisiert der Verein *Freunde der Bockwindmühle Pudagla* Veranstaltungen in dem Bauwerk.

Wasserschloss Mellenthin
Schlossallee 5
17429 Mellenthin
038379 28780
www.wasserschloss-mellenthin.de

Buslinien 281, 282, 283 bis Halt Mellenthin, Wasserschloss

76 Am Mittelpunkt der Insel

Wasserschloss Mellenthin

Auf Usedom sind die Entfernungen gering und die Fahrtzeiten kurz. So wundert es nicht, dass wir mit dem Auto gerade einmal 20 Minuten von den Kaiserbädern an der Küste bis zum Mittelpunkt der Insel benötigen. Vorüber an ausgedehnten Feldern führt unser Weg durch schattige Alleen, bis wir im beschaulichen, nur circa 500 Einwohner zählenden Ort Mellenthin am

Wasserschloss ankommen. Die Betreiber werben damit, dass genau an dieser Stelle das geografische Zentrum der Insel liegen soll. Darauf verweist auch der Name des Ortes: »Mellenthin« entstammt dem Slawischen und bedeutet »Mittelpunkt«.

Prachtvoll liegt die Schlossanlage aus dem 16. Jahrhundert umgeben von einem Wassergraben vor uns. Sie beherbergt heute in ihrem Westflügel ein Hotel und im anderen Seitenflügel eine Brauerei in rustikalem Ambiente. Wir parken das Auto auf dem kleinen gebührenpflichtigen Parkplatz unmittelbar davor und begeben uns auf den Rundweg, der entlang des Wassergrabens um das Renaissancegebäude herumführt. Während sich der Schlosshof in Richtung Parkplatz öffnet, stehen wir auf der dem Wald zugewandten Seite vor einem schmiedeeisernen Tor. Der heute wohl nicht mehr genutzte Eingang auf dieser Gartenseite ist geprägt von einer malerischen Freitreppe, geeignet für das Flanieren in den opulenten Damenroben der damaligen Zeit.

Mellenthin, das Achterland Usedoms, steht weniger für Strandurlaub, sondern für idyllische Natur, Kulinarik und Wellness. Das Hinterland der Insel punktet mit Ruhe abseits der Touristen-Hotspots – und liegt dennoch nur eine kurze Fahrt von der kilometerlangen feinsandigen Küste der Kaiserbäder entfernt.

Planen Sie unbedingt den Besuch eines der verschiedenen Themenabende in der hauseigenen Brauereigaststätte im rustikalen Ambiente mit ein, wie beispielsweise Ritterbüfett oder Piratenabend.

Insel-Manufaktur des Wasserschlosses Mellenthin
Morgenitzer Berg 8
17429 Mellenthin
038379 28780
www.wasserschloss-mellenthin.de

Buslinien 281, 282, 283 bis Halt Mellenthin, Wasserschloss

77 Kaffee ist nicht gleich Kaffee

Insel-Manufaktur

Das Schild über der Eingangstür macht neugierig: Auf dem Weg zum Wasserschloss entdecken wir am Ortseingang von Mellenthin die Insel-Manufaktur. Die ursprünglich in der Residenz beheimatete Erste Usedomer Kaffeerösterei ist im Frühjahr 2023 an dieser Stelle neu eröffnet worden. Darüber hinaus ist die hauseigene Destillerie in die neuen Räume eingezogen. Direkt im Eingangsbereich steht die große kupferne Destillationsanlage, während der Trommelröster im hinteren Bereich seinen Platz eingenommen hat.

Bereits beim Betreten des Ladenlokals in dem pittoresken Fachwerkhaus empfängt uns der köstliche Duft frisch gerösteter Kaffeebohnen. Täglich werden in der Insel-Manufaktur hochwertige Rohkaffees verarbeitet. Kunden können vom Gastraum aus durch eine Glasscheibe den Vorgang beobachten. Bei niedrigen Temperaturen und in Intervallen werden die Bohnen geröstet, sodass bekömmliche, säurearme und sehr aromatische Kaffees entstehen. Diese werden in großen Glasbehältern im Verkaufsbereich präsentiert: »Single Origin« aus aller Welt sowie eine spezielle Schlossmischung. Welches Aroma wohl das passende für einen selbst ist?

Bei der Entscheidung hilft die fachkompetente Beratung der freundlichen Barista hinter dem Tresen und vielleicht gleich eine Kostprobe. Alle Sorten können die Gäste frisch gebrüht vor Ort genießen und dabei feststellen, ob ihnen Säuregehalt, Intensität und Geschmack zusagen. Hat man den richtigen Kaffee gefunden, kann man sich direkt mit einer oder mehrerer Portionen für zu Hause eindecken.

Die Insel-Manufaktur gehört zum Wasserschloss Mellenthin, das sich nur circa 500 Meter entfernt befindet. Zum hauseigenen Schlosskaffee können Sie dort frische, nach geheimer Rezeptur gebackene Waffeln genießen.

Wisentpark Insel Usedom
(Ostern–Oktober)
Heideweg 1
17419 Dargen
0162 1637779
www.wisentgehege-usedom.de

Café Vergiss Dein nicht
Stolper Straße 1
17419 Dargen
0173 2016249
www.cafe-vergiss-dein-nicht.de

Buslinie 287 bis Halt Prätenow, 500 m Fußweg

78 Keine Angst vor großen Tieren

Wisentpark Usedom

Im Angesicht der zotteligen Giganten stockt so manchem der Atem, auch wenn diese Rinder oft »die sanften Riesen« genannt werden. Ihre pure Größe beeindruckt und ruft ein flaues Gefühl in der Magengegend hervor. Was wäre, wenn … wir uns nicht gerade auf einem Aussichtspodest jenseits des Zauns befänden? Der Beobachtungspunkt bietet einen guten

Weitblick über das Schaugehege. Informationstafeln helfen bei der Orientierung und verraten die Namen der verschiedenen Tiere.

Der Wisent gilt als größtes Landsäugetier unseres Kontinents. Mit bis zu 1,95 Metern Schulterhöhe und einem massigen Schädel ist es zweifelsohne eine imposante Erscheinung. Bis zum Mittelalter lebte der Verwandte des nordamerikanischen Bisons in großen Teilen Mittel- und Osteuropas. Durch Abholzung der Wälder, die seinen Lebensraum bildeten, und eine rücksichtslose Bejagung galt das Tier 1927 in der freien Natur als ausgestorben, nur in Zoos existierten noch circa 60 Exemplare. Von ihnen stammen alle heute noch lebenden Wisente ab – ob in Schweden oder Polen, im deutschen Rothaargebirge oder eben auf Usedom.

Auf dem Rundweg spazieren Besucher auch an Damhirschen und Wildpferden vorüber. Zum Schluss erwartet sie der Eiszeitpark mit lebensgroßen Nachbildungen von Tieren aus dieser Epoche wie Mammut, Wollnashorn und Höhlenbär.

Wussten Sie übrigens, dass der Wisentpark bereits mehrmals Drehort für den beliebten Usedom-Krimi war? Verschiedene Szenen unter anderem mit der Hauptdarstellerin Katrin Sass als ehemalige Staatsanwältin Karin Lossow wurden dort gedreht.

Nahe der Bushaltestelle Prätenow befindet sich das Café *Vergiss Dein nicht*, eine gute Adresse für frisch gebackenen Kuchen.